ÉLÉMENTS
DE LINGUISTIQUE POUR
LE TEXTE LITTÉRAIRE

Du même auteur

Initiation aux méthodes de l'analyse du discours, Paris, Hachette, 1976.

Linguistique française, Initiation à la problématique structurale (en collab. avec J.-L. Chiss et J. Filliolet), Paris, Hachette. Tome 1 : 1977 ; Tome 2 : 1978.

Les livres d'école de la République, Discours et idéologie, Paris. Le Sycomore, 1979.

Approche de l'énonciation en linguistique française, Paris, Hachette, 1981.

Sémantique de la polémique, Lausanne, l'Age d'Homme, 1983.

Genèses du discours, Liège, P. Mardaga, 1984.

Carmen, Les racines d'un mythe, Paris, Le Sorbier, 1984.

ÉLÉMENTS
DE LINGUISTIQUE POUR
LE TEXTE LITTÉRAIRE

par DOMINIQUE MAINGUENEAU

Bordas

© BORDAS, Paris, 1986
ISBN 2-04-016414-6

Table des matières

Avant-propos

Depuis un quart de siècle les relations entre la linguistique et l'analyse de la littérature sont loin d'être claires. Il fut un temps où certains littéraires considéraient la linguistique comme une "science-pilote", tandis que d'autres l'accusaient d'avoir des visées impérialistes. Pourtant, quand on envisage avec quelque recul les produits de cet "impérialisme" en matière de critique littéraire, force est de constater que les emprunts faits à la linguistique ont été, dans l'ensemble, d'une extrême pauvreté. Ce n'est pas tant l'étude des faits de langue qui a été mobilisée qu'un certain nombre de concepts de portée très générale (structure, langue/parole, paradigme/syntagme, signifiant/signifié, etc.) qui circulaient dans l'ensemble des sciences humaines. Cela tenait peut-être au fait que dans la linguistique structurale on se faisait une conception très élémentaire des propriétés linguistiques.

La situation présente est bien différente, certainement plus saine aussi, mais elle n'est pas sans danger. Les linguistes se sont repliés sur leur objet et ne se soucient plus beaucoup d'exporter leurs travaux ; quant aux littéraires, ils opèrent dans une relative sérénité, légitimement convaincus que les textes qu'ils étudient sont irréductibles aux grilles construites par les autres disciplines. Ce double repli risque néanmoins de creuser un fossé entre l'étude linguistique et l'analyse de la littérature. Alors que la stylistique traditionnelle, à sa façon, scrutait les faits de langue, aujourd'hui trop souvent l'étude des textes littéraires s'oriente exclusivement vers des découpages de type sémiotique (narratifs en particulier) qui n'ont pas besoin de prendre en compte le détail des structures langagières.

Cet ouvrage voudrait contribuer à rétablir la communication entre les enseignements linguistique et littéraire. Sa visée est modeste ; il ne propose, en effet, ni une théorie générale de la chose littéraire qui serait fondée sur la linguistique, ni un traité complet des faits de "style", ni une série de modèles d'explication de texte. De toute manière il n'existe plus de protocole d'analyse universellement valide et la réalisation d'un traité de stylistique constitue une entreprise déraisonnable : on ne saurait dresser un tel catalogue dans la mesure même où tout phénomène linguistique est susceptible d'être exploité par une œuvre littéraire. Aussi, cherchons-nous seulement à fournir aux étudiants un certain nombre d'éléments de linguistique utiles pour l'étude des textes.

Mais si, comme nous venons de l'avancer, n'importe quel fait de langue peut faire l'objet d'un investissement stylistique, la liste des sujets traités dans ce livre ne pouvait qu'être relativement arbitraire. Il nous a fallu choisir des domaines dont le lien avec les textes littéraires soit immédiat, tout en assurant la cohérence de l'ouvrage. A cette fin nous avons pris pour fil directeur les problématiques de l'énonciation. Confronté à la diversité des tendances du champ de la linguistique, nous avons dû définir, dans un souci pédagogique, une voie moyenne, avec tout ce que cela implique de simplifications et d'éclectisme.

En fait, la restriction a porté plus loin. Nous avons renoncé à prendre en compte les sujets qui pouvaient nous déporter à la périphérie de la réflexion linguistique et/ou qui ont été déjà abondamment traités dans les manuels d'étude littéraire. Cela concerne en particulier l'analyse du récit et, plus largement, la théorie sémiotique, ainsi que la problématique des genres littéraires. Nous avons également laissé de côté l'analyse de la poésie et des "figures", qu'il est impossible de traiter en un chapitre et pour lesquelles les étudiants disposent déjà de plusieurs manuels.

1. La situation d'énonciation

Tout **énoncé**, avant d'être ce fragment de langue naturelle que le linguiste s'efforce d'analyser, est le produit d'un événement unique, son **énonciation**, qui suppose un *énonciateur*, un *destinataire*, un *moment* et un *lieu* particuliers. Cet ensemble d'éléments définit la **situation d'énonciation**.

C'est là une dimension du langage qui a été longtemps négligée par les courants dominants de la linguistique structurale mais qui a été largement développée au cours des deux dernières décennies, en particulier dans le prolongement des travaux de R. Jakobson[1] et d'E. Benveniste[2]. Certes, la notion de «situation d'énonciation» ne présente pas un visage aussi évident lorsqu'il s'agit de textes littéraires que lorsqu'on a affaire à des échanges linguistiques ordinaires (où les interlocuteurs dialoguent au même endroit), mais l'énonciation littéraire, en tant précisément qu'elle est une énonciation, n'échappe pas à la règle commune. Il convient surtout d'être attentif à la manière dont le discours littéraire joue avec une contrainte que, par définition, il ne peut annuler : la figure de l'«auteur», par exemple, n'est pas réductible à celle d'un locuteur ordinaire, mais elle ne peut pas non plus en être totalement dissociée.

L'énonciation

On s'accorde à voir dans *l'énonciation* «la mise en fonctionnement de la langue par un acte individuel d'utilisation» (Benveniste), acte que l'on oppose à *l'énoncé*, l'objet linguistique qui en résulte. Cette distinction ne va pas sans poser de nombreux

---

1. *Essais de linguistique générale*, tr. fr. N. Ruwet, Paris, éd. de Minuit, 1963, chapitre 9 : «Les embrayeurs, les catégories verbales et le verbe russe».
2. *Problèmes de linguistique générale*, Paris, Gallimard, 1966, 5ᵉ partie : «L'homme dans la langue».

problèmes ; *a priori* l'ensemble des facteurs impliqués dans la production d'un énoncé singulier peuvent être pris en compte : de l'aspect physiologique de la phonation jusqu'à l'environnement matériel et social, en passant par les motivations psychologiques. Or ce n'est pas à tout cela que s'intéressent en général les linguistes quand ils s'occupent d'énonciation. Ils appréhendent, en effet, l'événement énonciatif *à travers les traces repérables que celui-ci laisse dans l'énoncé.*

On peut néanmoins s'étonner que les linguistes puissent se donner un tel objet d'étude. Après tout, si un acte d'énonciation est un événement unique, réalisé dans des circonstances uniques, en quoi intéresse-t-il la linguistique, qui, par définition, étudie la langue comme système, indépendamment des énoncés singuliers qu'elle rend possibles ? Si l'on considère, par exemple, la formule attribuée à Louis XIV «L'État, c'est moi», le linguiste n'y voit qu'un exemple d'énoncé du français, une «parole» au sens de Saussure. C'est aux historiens, dira-t-on, qu'il revient d'étudier cet énoncé dans sa singularité, de chercher à déterminer dans quelles circonstances il a été produit, pour quelles raisons, etc.

Les théories linguistiques de l'énonciation récusent précisément le partage qu'on opère ainsi entre le linguistique et l'«extralinguistique». Elles distinguent deux aspects dans l'événement énonciatif : d'une part, ce qu'il y a de particulier dans chaque énonciation, qui demeure extérieur au champ d'investigation de la linguistique, d'autre part, le schéma général de l'énonciation, les règles qui dans le système de la langue permettent qu'il y ait des actes d'énonciation toujours uniques, que la «langue», comme réseau de règles disponibles pour tout locuteur, se convertisse en «discours» de tel ou tel sujet. Cette «langue» ne doit donc pas être conçue seulement comme un lexique associé à des règles phonétiques et morphosyntaxiques, mais aussi comme un système permettant aux locuteurs de «s'approprier» en quelque sorte ce système pour produire leurs énoncés singuliers.

Dans l'énoncé attribué à Louis XIV, «L'État, c'est moi», on relève immédiatement deux traces (entre autres) de la prise en charge de la langue par l'énonciateur : la thématisation et le *moi*. Dire *l'État, c'est moi* implique qu'on pose l'État en «thème» de son énonciation — en réponse à une question du type «l'État, c'est qui ?» — et qu'on l'organise à partir de ce repère. Si le sujet peut ainsi thématiser son propre énoncé, c'est parce que le système de la langue lui offre les structures pertinentes, que la thématisation n'est pas un phénomène extralinguistique. La présence du sujet se lit également dans le «moi». S'il est ici interprété comme désignant Louis XIV, c'est bien en raison d'un savoir extérieur à l'énoncé proprement dit, puisque hors contexte *moi* peut désigner n'importe quel individu énonçant cette phrase ; mais c'est une règle de la langue que toute personne ne puisse se poser en locuteur qu'en se désignant comme «je». La langue possède donc un élément dont la fonction est de permettre la prise en charge de l'énonciation par des sujets singuliers.

On pourrait objecter que la thématisation et le *moi* ne sont que des phénomènes marginaux, et que pour l'essentiel le langage doit être analysé indépendamment du fait qu'il permet aux sujets de produire des actes d'énonciation particuliers. Certes, on peut discuter pour déterminer dans quelles limites le recours à une perspective énonciative est légitime, mais les théories fondées sur une perspective énonciative postulent toutes qu'on ne saurait avoir une conception adéquate de la structure du langage si l'on n'admet pas qu'il est voué à rendre l'énonciation possible.

Les embrayeurs

Nous venons de faire allusion aux propriétés très remarquables de *moi*. Ces propriétés sont en fait celles d'une classe d'éléments qu'à la suite de R. Jakobson on appelle des **embrayeurs** (traduction de l'anglais *shifter*), dont la fonction consiste justement à articuler l'énoncé sur la situation d'énonciation.

Pour mieux faire entendre ce qu'est un embrayeur il nous faut d'abord éclairer la distinction entre **énoncé-type** et **énoncé-occurrence**. La notion d'«énoncé» est, en effet, faussement évidente. On peut en avoir deux définitions différentes, selon que l'on considère le même énoncé comme «type» ou comme «occurrence». Soit par exemple l'énoncé :

> Les rives du Lac de Bienne sont plus sauvages et
> plus romantiques que celles du Lac de Genève.

On peut l'envisager comme le produit d'une énonciation singulière, historiquement situable, celle de Jean-Jacques Rousseau au début de la 5e «Promenade» des *Rêveries* : dans ce cas on dira qu'il est appréhendé comme *occurrence*. Mais on peut tout aussi bien l'envisager comme un énoncé indépendant de toute énonciation particulière : on considère alors que tous les énonciateurs qui ont pu ou pourront produire cet énoncé profèrent le «même» énoncé, qu'il s'agit du même *énoncé-type*. On peut donc adopter l'un ou l'autre de ces deux points de vue quand on parle de l'identité d'un énoncé[1]. L'énoncé-type n'est jamais qu'une abstraction nécessaire : sur le plan empirique on ne peut rencontrer que des énoncés-occurrences, le produit d'actes d'énonciation singuliers. Quand un grammairien prend un exemple comme *Le chat mange la souris* il vise un type, mais la présence de cet énoncé sous la plume de cet auteur et à cet endroit constitue une occurrence.

A considérer l'exemple de Rousseau que nous venons de donner, la distinction entre type et occurrence peut paraître d'une faible utilité. Qu'importe, pensera-t-on, que l'énoncé-type puisse faire l'objet d'une infinité d'énonciations différentes puisque son sens demeure stable, en dépit de la variété des contextes d'énonciation ? En réalité, cette objection ne tient pas dès que l'on prend en compte des exemples comme *l'État, c'est moi*. Pour peu que figurent dans l'énoncé des éléments tels *je, moi, me,* il apparaît impossible de poser que le sens reste inchangé d'une énonciation à l'autre : *je* se charge d'une signification nouvelle à chaque énonciation. Cela vaut également pour *tu* (et ses variantes *te/toi*) et certains localisateurs spatiaux (*ici, là…*) ou temporels (*aujourd'hui, hier…*), qui sont autant d'embrayeurs. Ces indicateurs spatiaux (qu'on appellera **déictiques spatiaux**) changent de sens en fonction de la position du corps de l'énonciateur, tandis que ces indicateurs de temps (nommés **déictiques temporels**) varient en fonction du moment de l'énonciation : *hier* ne désignera pas le même jour s'il est prononcé le 15 janvier que s'il est prononcé le 17.

Dire que les embrayeurs changent de «sens» à chaque énonciation est cependant trop imprécis. Pour saisir leur fonctionnement, il convient de le comparer à celui des signes linguistiques ordinaires, pour lesquels on parle de «signifiant» et de «signifié». Il serait inexact de prétendre que les embrayeurs ne possèdent pas de signifié, de valeur sémantique stable à travers tous leurs emplois, car, manifestement, «chaque embrayeur» possède une signification générale propre. Ainsi "je" désigne le

---

1. On notera que sur ce sujet la terminologie n'est pas fixée ; certains préfèrent opposer «phrase actualisée» (occurrence) et «phrase» (type), d'autres, comme O. Ducrot, l'«énoncé» (occurrence) à la «phrase» (type).

destinateur (et "tu" le destinataire) du message auquel il appartient», comme l'explique Jakobson (*Essais de linguistique générale*, p. 179). Mais ce «signifié» n'est pas celui des noms ordinaires ; alors que le sens de l'embrayeur ne peut être établi que si on le rapporte à l'énonciation dans laquelle il figure, des signes comme *fenêtre* ou *tulipe* possèdent une «définition›, permettent, en dehors de tout emploi effectif, de délimiter *a priori* une classe d'objets susceptibles d'être dits *fenêtres* ou *tulipes*. Il n'en va pas de même pour les embrayeurs : en dehors de telle ou telle énonciation il n'existe pas de classe d'objets susceptibles d'être désignés par «je». En dernière instance, est «je» celui qui dit «je» dans tel énoncé-occurrence ; pour être «je» il faut et il suffit de proférer «je». La «définition» des embrayeurs fait donc intervenir de manière cruciale la circularité, la réflexivité.

De prime abord, des embrayeurs comme *je* ou *tu* ne semblent guère différer de termes comme *il*, que l'on range traditionnellement dans la même catégorie, celle des pronoms : à *il* non plus on ne peut assigner de sens en dehors des actes d'énonciation particuliers. Il y a pourtant une différence décisive entre *il* et *je-tu* : pour *il*, c'est le contexte *linguistique* qui permet de l'interpréter (on le lie à son antécédent, qui lui confère un signifié), alors que les embrayeurs de personne se voient attribuer une interprétation par la seule situation d'énonciation. Le statut des embrayeurs diffère également de celui des noms propres qui, pourtant, font aussi appel à la circularité : «le nom désigne quiconque porte ce nom. L'appellatif "chiot" désigne un jeune chien, "bâtard" désigne un chien de race mêlée…, mais "Fido" ne désigne ni plus ni moins qu'un chien qui s'appelle "Fido".» (Jakobson, *Essais de linguistique générale*, p. 177-178) ; autrement dit, il n'existe pas de propriété générale attachée au fait de s'appeler «Fido». Cette circularité n'est cependant pas du même type que celle qui intervient dans le fonctionnement des embrayeurs : l'individu désigné par un nom propre reste stable à travers une infinité d'énonciations, alors que ce ne peut être le cas pour «je» ou «tu».

Les personnes

La grammaire traditionnelle parle de «pronoms personnels» à propos de *je* et *tu*, et les associe à *il*. Ce rapprochement est facilité par les mécanismes d'apprentissage des conjugaisons, où l'on décline *je-tu-il-nous-vous-ils*, les «trois personnes». Or la délimitation de la classe des embrayeurs a pour effet de dissocier le couple *je-tu*, véritables «personnes» du dialogue, du pronom *il*, véritable pro-nom, que Benveniste préfère placer dans le registre de ce qu'il appelle la **non-personne**, celui des objets du monde autres que les interlocuteurs. Certes, en un sens, ces objets dont *je-tu* parlent «participent» à l'énonciation, mais pas au même titre que les personnes.

Je et *tu* renvoient à des rôles, celui de locuteur et celui d'allocutaire, qui sont indissociables et réversibles : dans l'«échange» linguistique, justement nommé, tout *je* est un *tu* en puissance, tout *tu* un *je* en puissance. En outre, l'énonciation inscrit de mille manières dans l'énoncé la présence, implicite ou explicite, de l'allocutaire, qui joue un rôle actif dans l'énonciation : pour cette raison certains linguistes, à la suite d'A. Culioli, préfèrent parler de **co-énonciateur** que d'«allocutaire» ou de «destinataire». Il existe néanmoins une dissymétrie foncière entre le *je* et le *tu* : pour être *je* il suffit de prendre la parole, tandis que pour être *tu* il est nécessaire qu'un *je* constitue quelqu'un d'autre en *tu*.

Ce qu'on entend ici par *je* ou *tu* renvoie en fait à une classe plus large que les deux termes correspondants et leurs variantes casuelles (*me, te*) ou accentuées (*moi, toi*) ; ils figurent aussi dans les formes dites de «pluriel» (*nous, vous*) ainsi que dans les pronoms (*le tien, le nôtre…*) et déterminants possessifs (*mon, votre…*).

En réalité, *nous* et *vous* ne constituent pas à proprement parler le «pluriel» de *je* et *tu* de la même manière que *chevaux* constitue le pluriel de *cheval*. Ce sont plutôt des personnes «amplifiées». *Nous* désigne (*je* + d'autres) et *vous* (*tu* + d'autres) :

$$
\begin{array}{ll}
\text{- Nous} & \text{je + je (+ je\ldots)} \\
& \text{je + tu (+ tu\ldots)} \\
& \text{je + il (+ il\ldots)} \\
\text{- Vous} & \text{tu + tu (+ tu\ldots)} \\
& \text{tu + il (+ il \ldots)}
\end{array}
$$

Cela explique également qu'il soit possible, dans l'usage du *vous* dit «de politesse», d'interpeller un individu unique par *vous* : il s'agit d'une amplification de la personne, et non d'une addition d'unités.

Quant à la série des déterminants possessifs, elle n'est qu'une variante morphologique de *je, tu, nous, vous* quand ces derniers s'interprètent le plus souvent comme «possesseurs», avec les noms «statiques» (*mon cheval, votre lit*), ou comme agents, avec des noms déverbaux, qui désignent un processus (*mon arrivée, ton départ,* interprétés comme *j'arrive* ou *tu pars*). Les pronoms possessifs, de leur côté, associent une reprise pronominale à une relation du type *mon/ton/notre/votre* + Nom : *le tien,* c'est tantôt «le N qui est à toi», tantôt «l'action que tu fais». Bien que cet ensemble de pronoms contienne des embrayeurs de personne (*le mien,* par exemple, contient un *je*), ils relèvent néanmoins de la non-personne : *le mien* désigne un objet dont je parle, au même titre que *la table* ou *Paul.*

On pourrait être tenté d'opposer personnes et non-personnes en disant que si les premières réfèrent nécessairement à des sujets parlants, les secondes peuvent correspondre à n'importe quel objet du monde (humain, inanimé, abstrait…). Cette affirmation de bon sens se heurte toutefois à une multitude de contre-exemples, dont le corpus littéraire fournit d'ailleurs une bonne part. Si, effectivement, les individus qui produisent les énoncés ne peuvent être que des sujets parlants, la classe des êtres à qui est attribuée la responsabilité de l'énoncé n'est pas délimitable *a priori* ; dans un texte n'importe quoi peut être constitué en énonciateur : le Temps, le Soleil, le Destin, un mot… De la même manière, n'importe quelle entité peut se trouver en position de co-énonciateur :

> O Muse ! spectre insatiable
> Ne m'en demande pas si long.
> (Musset)

Mais il peut tout aussi bien s'agir d'êtres normalement étrangers à l'interlocution. Rien n'oblige non plus à s'adresser à un individu présent : l'énonciation possède justement l'étonnant pouvoir de convoquer *ipso facto* ceux à qui elle s'adresse, qu'elle constitue en *tu.*

La personne : référence et modalité

La rapide présentation des personnes et de la non-personne que nous venons de faire ne les envisage que *du point de vue de leur référence* : on a vu que le *je,* par exemple, ne réfère pas à une réalité extérieure mais à l'individu qui dit «je». Il apparaît ainsi que dans (1) *Je suis content*, le morphème *je*, **sujet de l'énoncé**, coïncide avec le **sujet d'énonciation** ; en revanche, dans (2) *Paul est content*, le sujet de l'énoncé, *Paul*, n'est pas identique au sujet d'énonciation. En adoptant la terminologie et la notation d'A. Culioli[1] on pourrait dire que dans (1) le sujet d'énonciation (noté $\int_o$) est *identifié* au sujet d'énoncé S_1 :

$$\int_o = S_1 = je$$

alors qu'en (2) sujet d'énonciation et sujet d'énoncé sont en relation de *rupture*, ils appartiennent à deux plans distincts :

$$\int_o \; \omega \; S_1 \quad (\omega \text{ note la relation «rupture»})$$

Outre les relations notées «=» et «ω» il en existe une troisième, notée «≠», la relation «différencié de». On dira que le co-énonciateur (noté $\int'$) est «différencié de» $\int_o$, le sujet d'énonciation :

$$\int' \neq \int_o$$

On voit bien ce qui distingue ce co-énonciateur de la non-personne : le premier s'oppose à l'énonciateur en quelque sorte sur le même plan que lui, ils appartiennent tous deux à la sphère de l'interlocution, alors que $\int_o$ et un sujet d'énoncé à la non-personne ne se trouvent pas sur le même plan énonciatif.

Mais la catégorie de la personne n'a pas qu'une dimension référentielle ; elle est également impliquée dans la **modalité**, c'est-à-dire dans la relation qui s'établit entre le sujet d'énonciation et son énoncé. Ce sujet d'énonciation est, en effet, à la source à la fois de la référence et de la modalisation. Dans *Qu'il sorte*, par exemple, d'un point de vue *référentiel*, le sujet d'énonciation est en «rupture» par rapport au sujet d'énoncé *il* :

$$\int_o \; \omega \; S_1$$

mais, d'un point de vue *modal*, $\int_o$ donne un ordre, s'oppose à un *il* «différencié» de lui-même. Il y aurait, en revanche, rupture modale entre l'énonciateur et le sujet d'énoncé dans le cas d'une

---

1. Pour une présentation de cette théorie voir Antoine Culioli, «Sur quelques contradictions en linguistique» (*Communications* n° 20, 1973, p. 83-92) ; Catherine Fuchs, «Le sujet dans la théorie énonciative d'Antoine Culioli : quelques repères» (*DRLAV* n° 30, Centre de recherche de l'Université de Paris VIII, 1984, p. 45-53 (article qui donne une bibliographie étendue)) ; sur les problèmes de la «personne linguistique», Carmen Dobrovie-Sorin, *Actes de langage et théorie de l'énonciation*, collection ERA 642, Université de Paris VII, 1985, chapitres III-IV.

assertion (un énoncé susceptible d'être vrai ou faux) comme *Il est sorti*.

On le voit, les deux dimensions, référentielle et modale, ne se recouvrent pas nécessairement, même si elles s'organisent à partir d'une même origine, le sujet d'énonciation. Ainsi, dans l'assertion *Je suis content*, considérée plus haut, d'un point de vue *référentiel* $J_o = S_1$, alors que d'un point de vue *modal* $J_o \, \omega \, S_1$. Ici le sujet d'énonciation parle de lui-même comme il parlerait de n'importe quel individu. Dans le célèbre hémistiche du *Bateau ivre* de Rimbaud

Oh ! que j'aille à la mer !

J_o et S_1 sont «identifiés» sur le plan *référentiel*, mais «différenciés» sur le plan *modal* : le sujet se scinde dans la tension modalisatrice :

$$J_o \neq S_1$$

On remarquera que sous l'angle de la modalité les énoncés du type (2e personne + indicatif présent) constituent un cas intéressant, puisqu'ils prennent une valeur d'injonction le plus souvent : *tu t'en vas* n'est donc pas sur le même plan que *je m'en vais* ou *il s'en va*. La structure (2e personne + présent) implique une tension modale entre les interlocuteurs ; en utilisant notre notation on dira que dans ce cas sur le plan modal comme sur le plan référentiel $J_o \neq S_1$. Il est d'ailleurs compréhensible que *tu t'en vas* soit peu compatible avec une interprétation assertive : pourquoi communiquer à l'interlocuteur ce que par définition il sait déjà ? Le présent est dès lors interprété comme ne décrivant pas un procès contemporain du moment de l'énonciation (valeur déictique usuelle du présent de l'indicatif) mais comme indiquant ce que le co-énonciateur va faire, ou plutôt ce que l'énonciation construit comme valide pour lui dans l'avenir. C'est de ce décalage que résulte la valeur injonctive.

La «pseudo-énonciation» littéraire

Nous avons insisté, au début de ce chapitre, sur le fait que l'énonciation littéraire ne pouvait être assimilée à un échange linguistique ordinaire, qu'elle excluait le caractère immédiat et symétrique de l'interlocution. Le lecteur d'un roman, d'un poème, le spectateur d'une pièce de théâtre n'ont pas de contact avec le sujet qui a écrit le texte, la personne de l'auteur. Pas seulement pour des raisons matérielles, mais surtout parce qu'il est de l'essence de la littérature de ne mettre en relation l'auteur et le public qu'à travers l'institution littéraire et ses rituels. L'auteur étant ainsi effacé, la communication littéraire annule toute possibilité de réponse de la part du public. En ce sens, le texte littéraire apparaît comme un «pseudo-énoncé» qui ne communique qu'en pervertissant les contraintes de l'échange linguistique.

Cette spécificité du dire littéraire affecte tout particulièrement la notion de «situation d'énonciation», avec ses trois dimensions, personnelle, spatiale et temporelle. Alors qu'un énoncé ordinaire renvoie directement à des contextes physiquement perceptibles, les textes littéraires construisent leurs scènes énonciatives par un jeu de relations internes au texte lui-même. Un fait aussi massif que le statut singulier de «l'auteur» suffit à le montrer : même si un roman, par exemple, se donne pour autobiographique, le je du narrateur est rapporté à une figure de «narrateur», et non à l'individu qui a effectivement écrit le texte. Ce narrateur est un être purement textuel, dont les caractéristiques sont définies par le seul récit. Ici le réalisme naïf n'est pas de mise : contrairement à ce que laisse entendre une certaine imagerie romantique, le texte littéraire n'est pas un «message» circulant de l'âme de l'auteur à celle du lecteur, mais un dispositif ritualisé, où sont distribués des rôles.

Il faut faire intervenir ici une distinction entre **cotexte** et **contexte**. La notion usuelle de «contexte» est en effet ambiguë. Elle désigne aussi bien le *cotexte*, c'est-à-dire le contexte *verbal* dans lequel se trouve pris un énoncé que les données du *contexte* (situationnel) qui définissent la spécificité d'une certaine situation de communication (le type de moment, de lieu où tels énoncés sont proférés, le rôle social de leurs protagonistes, etc.). Cela est vrai de toute énonciation mais prend un relief particulier dans le champ littéraire, qui code cette nécessité sous la forme de rituels contraignants, dont le **genre** est la manifestation la plus nette : ce n'est pas seulement un simple fragment de langue maternelle qui est consommé, mais une comédie de boulevard, un roman policier, etc., et, au-delà, de la littérature.

Le datif éthique

Dans cet ordre d'idées considérons un emploi très particulier des personnes, le datif éthique. Soit la phrase :

Paul te dort dix nuits d'affilée

Le *te* possède ici un statut très remarquable. Sa position et sa morphologie sont celles d'un complément datif du verbe *dort*, bien que ce verbe intransitif exclue la présence d'un tel complément. Ces emplois qu'on appelle traditionnellement «explétifs» manifestent une sorte d'excès de l'énonciation sur la syntaxe. Réservé à la langue parlée et aux énonciations rapportant des événements spectaculaires ou inattendus, le datif éthique s'interprète comme une opération de «prise à témoin» du co-énonciateur. Autrement dit, le co-énonciateur se trouve en position d'*acteur de l'énonciation elle-même sans être acteur du procès évoqué par l'énoncé.* Décalage rendu possible par le fait que le verbe n'appelle pas de datif et laisse donc libre la case correspondante ; il suffit que le verbe puisse avoir un datif pour que le datif éthique ne soit plus immédiatement repérable comme tel :

Paul t'a donné un livre fabuleux,

sauf dans un contexte très particulier, ne sera pas interprété comme contenant un datif éthique. Entre ce datif «normal» et le datif éthique on rencontre aussi un datif dit «bénéfactif» qui indique le bénéficiaire ou la victime du procès et peut être associé à des verbes n'exigeant pas de complément au datif :

Il nous a tué tous les lapins, Marie lui a mangé son gigot...

Étant donné les singulières propriétés de ce datif, son emploi réitéré dans un texte comme les *Fables* de La Fontaine ne saurait être anodin. Prenons par exemple «l'Ours et l'amateur des Jardins» (VIII, 10) :

Aussitôt fait que dit : le fidèle émoucheur
Vous empoigne un pavé, le lance avec roideur,
Casse la tête à l'Homme en écrasant la mouche.

La présence d'une telle forme dans les Fables nous amène à réfléchir sur les fondements mêmes de l'art de La Fontaine. On sait en effet que ce qui distingue cet art de celui des fabulistes traditionnels, c'est la mise en évidence d'une double dramatisation : celle de l'histoire racontée (par les dialogues, la variété des points de vue, des registres...), mais aussi *celle de l'énonciation* elle-même. Derrière le processus de narration on perçoit constamment la présence d'un narrateur qui raconte en se désignant lui-même du doigt. Une telle dramatisation énonciative implique également le **narrataire** (= le destinataire du récit) : non pas les lecteurs réels des *Fables*, bien sûr, mais une certaine figure du lecteur construite par le texte à travers son énonciation (sur cette question voir *infra*, chap. 4).

Le datif éthique constitue une des traces de cette implication du destinataire qui convertit la fable en une sorte de *conversation*. L'«excès» syntaxique que suppose l'emploi du datif éthique nous renvoie à un excès plus radical, celui de la narration sur ce qui est narré. Alors qu'elle se donne pour simple moyen de «faire passer» une histoire, de la rendre agréable, la narration de La Fontaine inverse en réalité la hiérarchie traditionnelle : l'histoire devient prétexte et l'énonciation passe au premier plan. L'essentiel c'est bien la relation qui se tisse entre narrateur et narrataire. Au-delà des multiples moralités que renferment les *Fables* («La raison du plus fort est toujours la meilleure», «On a toujours besoin d'un plus petit que soi»...) se révèle, en acte, dans l'énonciation, une morale humaniste fondée sur la sociabilité langagière associée à tout un art de vivre. Si les *Fables* décrivent un univers de violence sociale, elles le contestent en même temps dans leur dire en déployant les pouvoirs d'une interlocution utopique.

Personnes et «politesse»

Ce serait toutefois une notable simplification que d'envisager les personnes indépendamment des problèmes posés par l'existence des formes de «politesse». Tout locuteur francophone, dès lors qu'il prend la parole, se trouve contraint de choisir entre des formes concurrentes, et ce choix est signifiant. Nous ne considérerons ici que le «vous», laissant dans l'ombre les formes de respect à la non-personne («Monsieur est servi», «Son Excellence a-t-elle fait bon voyage ?»...) qui, d'un point de vue d'analyse littéraire, nous intéressent moins.

Pour l'opposition entre *tu* et *vous* on parle habituellement de «politesse» quand il s'agit de caractériser *vous*. Cette appellation est inexacte si l'on entend par là «respect». En fait, le *vous* représente la forme non-marquée de l'opposition, celle qu'emploient normalement les sujets parlants : on dit «tutoyons-nous», et non «vouvoyons-nous». Le principe qui guide le choix du *tu* ou du *vous*, c'est *l'appartenance ou la non-appartenance à la même sphère de réciprocité*. Il y a des gens que l'on tutoie dans certaines circonstances (quand ils appartiennent à la même sphère que le locuteur) et que l'on vouvoie dans d'autres circonstances (en l'absence de sphère commune). Ainsi, loin d'être une forme de moindre politesse, le *tu* peut fort bien être la forme requise : on peut vouvoyer pour marquer l'exclusion, la mise à distance, et non par respect.

Quand on considère cette question du point de vue de l'activité énonciative du locuteur on s'aperçoit que dire *tu* ou *vous* à quelqu'un, ce n'est pas tant obéir à un code préétabli qu'*accomplir un acte qui a la propriété d'imposer au dialogue avec autrui un certain cadre.* Ce cadre, l'allocutaire peut l'accepter ou le refuser, mais son refus ne pourra que manifester une certaine agressivité. Il se fera soit par un rejet explicite («Nous n'avons pas gardé les oies ensemble»), soit en renvoyant au premier locuteur un cadre d'échange différent (en vouvoyant par exemple celui qui a tutoyé), de manière à lui faire entendre qu'on refuse son coup de force discursif. Rien de plus exemplaire sur ce point que la scène de l'*Amphitryon* de Molière où l'esclave Sosie rencontre sa réplique exacte en la personne du dieu Mercure qui a pris son apparence. Les deux personnages sont en tous points identiques, mais Mercure parvient à imposer une nette hiérarchie entre eux par sa seule assurance. C'est ainsi qu'il interpelle Sosie en le tutoyant («Quel est ton sort, dis-moi ?»), tandis que ce dernier, subjugué, lui répond en le vouvoyant («Tudieu, l'ami, sans vous rien dire, comme vous baillez des soufflets !»). Ce faisant, Mercure impose son cadre à Sosie, le cadre de la convention théâtrale classique, en vertu de laquelle les maîtres tutoient valets et confidents et se font vouvoyer en retour.

Cette intervention des conventions propres à un genre est d'une grande importance. On ne peut en effet considérer l'emploi du *tu* et du *vous* dans les textes littéraires comme s'il s'agissait d'emplois en langue ordinaire. Bien souvent les genres littéraires définissent des conditions d'énonciation spécifiques. On connaît en particulier le tutoiement de l'auteur à son lecteur (cf. Victor Hugo dans la préface des *Contemplations* : «Ah ! insensé qui crois que je ne suis pas toi !») ou celui du poète classique aux grands personnages qui sont ses dédicataires. A l'intérieur des conventions elles-mêmes le texte a la faculté d'utiliser l'alternance du *tu* et du *vous* pour produire des effets de sens intéressants. C'est ce que fait souvent Racine.

Dans la célèbre scène de l'aveu de Phèdre à Hippolyte (*Phèdre* (II, 5) la reine passe du *vous* au *tu* au moment où la scène bascule de l'aveu implicite à l'aveu explicite : «Ah ! cruel, tu m'as trop entendue.» De même, dans *Bajazet* (V, 4) Roxane, s'adressant à Bajazet, passe-t-elle du *vous* au *tu* quand elle change d'attitude :

> ROXANE :   Mais je m'étonne enfin que, pour reconnaissance,
> Pour prix de tant d'amour, de tant de confiance
> Vous ayez si longtemps, par des détours si bas,
> Feint un amour pour moi que vous ne sentiez pas.
>
> BAJAZET :   Qui ? moi, Madame ?
>
> ROXANE :   Oui, toi. Voudrais-tu point encore
> Me nier un mépris que tu crois que j'ignore ?

Le seul passage du *vous* au *tu* réalise un changement d'espace énonciatif, mais sans le dire explicitement ; Roxane *ne déclare pas* à Bajazet qu'elle est excédée, elle le lui *montre* en abandonnant le *vous* pour le *tu*. Elle lui signifie ainsi que le cadre de leurs relations a changé, que de la dissimulation et du respect des convenances elle est désormais passée à la violence ultime. Elle sort des normes morales en même temps que des normes langagières : le Bajazet qu'elle tutoie est celui à qui elle impose un choix entre voir assassiner celle qu'il aime et mourir lui-même.

A la fin de la scène le passage d'une étape à une autre est à nouveau marqué par un jeu sur le *tu* et le *vous*. Roxane revient en effet au *vous* initial dans sa dernière réplique, lapidaire : «Sortez». Ici le *vous* a une toute autre valeur qu'au début de la scène : il marque l'exclusion définitive de Bajazet, que le «sortez» de Roxane condamne à mort. Du même coup, le *tu* précédent se charge rétroactivement d'une signification nouvelle : forme liée à la violence, il apparaît maintenant lié à l'amour puisque Roxane l'a utilisé tant qu'elle a cherché à convaincre Bajazet de l'aimer. Ce dernier n'a eu l'espoir de vivre qu'aussi longtemps que Roxane l'a tutoyé. Peu importait donc le contenu des propos : même emportée par une violence jalouse, la sultane qui disait «tu» demeurait dans le registre amoureux. On voit comment le texte joue très subtilement de la tension entre le cadre imposé par le choix de *tu* ou *vous* et le contenu des répliques.

Les déictiques spatiaux

Les déictiques spatiaux, on l'a vu, s'interprètent grâce à une prise en compte de la position du corps de l'énonciateur et de ses gestes. Il ne s'agit pas de l'unique moyen dont dispose la langue pour opérer une localisation ; à côté de ce repérage relatif à l'énonciateur on trouve également un repérage *absolu* (*à Lyon, en France…*), où les termes sont en quelque sorte «autodéterminés», ainsi qu'un repérage *cotextuel* qui s'appuie sur un élément du contexte linguistique (*près de Lyon*, par exemple, prend pour repère de localisation *Lyon*). Considérons cet extrait de *Paul et Virginie*, de Bernardin de Saint-Pierre :

> Virginie aimait à se reposer *sur les bords de cette fontaine*, décorés d'une pompe à la fois magnifique et sauvage. Souvent elle *y* venait laver le linge de la famille *à l'ombre des deux cocotiers*.

Celui qui ne connaît que ce passage aura quelque difficulté à interpréter les références locales dans la mesure où il ignore ce que désignent «cette fontaine» ou «les deux cocotiers». Mais son incertitude disparaîtra pour peu qu'il ait accès aux pages antérieures du roman : «cette fontaine» ou «les deux cocotiers» constituent la reprise (marquée par les déterminants du nom, *ce* et *le*) de noms déjà introduits dans le texte. L'élément pronominal «*y*» suppose aussi un phénomène de reprise, d'«anaphore», mais il présente la particularité de n'avoir par lui-même aucun signifié, de tirer celui-ci de son antécédent. Le propre d'un récit classique, c'est justement de construire un réseau de relations dans le texte de manière que les références spatiales s'éclairent sans faire intervenir la situation d'énonciation : «cette fontaine» ne désigne pas un objet que le narrateur montrerait du doigt mais un groupe nominal déjà introduit dans la narration.

Cela ne signifie pas qu'un récit ne peut contenir de déictiques spatiaux. En général, ils sont placés dans la bouche des personnages et interprétés grâce aux renseignements fournis par le cotexte. Ainsi dans ce fragment de *Tartarin de Tarascon* :

> A chaque nouveau colis, la foule frémissait. On se nommait les objets à haute voix : Ça, c'est la tente-abri… Ça, ce sont les conserves… la pharmacie… les caisses d'armes.»
>
> (A. Daudet, *Tartarin de Tarascon*, I, XIII)

Les démonstratifs *ça* sont des déictiques, mais ce sont les énonciateurs eux-mêmes qui donnent leur référent. Procédé qui permet de produire un effet d'authenticité sans rendre le texte obscur. Bien entendu, le plus souvent la récupération du référent des déictiques spatiaux se fait de manière moins immédiate, voire ne se fait pas du tout, surtout dans les romans récents, qui prennent parfois de grandes libertés avec les contraintes de la narration traditionnelle.

Dans un récit relevant de la technique du «monologue intérieur» (*infra*, chapitre 5) il n'existe pas de distinction entre narrateur et héros puisque tout se déroule dans la conscience d'un unique sujet. Ce type de narration exclut donc *a priori* la possibilité pour le narrateur d'expliciter le contenu des embrayeurs employés par les personnages. Lorsque dans *le Rouge et le noir* Madame de Rênal demande à Julien qu'elle voit pour la première fois «Que voulez-vous *ici*, mon enfant ?» le déictique *ici* est interprété par ce qu'a dit plus haut le narrateur (la scène se passe «près de la porte d'entrée» de la maison des Rênal). S'il n'y a pas de narrateur il faut que le texte s'arrange pour éclairer les références déictiques sans changer de registre. Ainsi, ce qui était un procédé occasionnel dans *Tartarin* devient pratique systématique, obligeant parfois le texte à recourir à des tours peu naturels. Dans le monologue intérieur des *Lauriers sont coupés* on trouve, par exemple :

> Le soir où j'ai écrit cela est le soir où j'avais rencontré, sur le boulevard, *cette* fille aux grands yeux vagues, qui marchait, languissante, en son costume d'ouvrière besogneuse, sous les arbres nus et le frais du soir clair de mars ;

> (Édouard Dujardin, *Les lauriers sont coupés*, chap. V)

Il est clair qu'ici le déictique *cette* fait mine de désigner un référent déjà connu, mais il s'efforce de donner en même temps les renseignements qui permettront au lecteur de savoir de qui il s'agit : le personnage soliloque bien, mais le *cette* pourrait parfaitement être remplacé par le déterminant indéfini *un*, dont la fonction est précisément d'introduire un référent nouveau pour l'interlocuteur.

Lorsqu'un déictique n'est pas explicité on a inévitablement tendance à considérer que si nous pouvions assiter à la scène décrite ou habiter la conscience des personnages nous verrions ce qu'il désigne. C'est oublier que ce monde qu'est censé représenter la fiction n'existe précisément que... par cette fiction. En ce sens, un récit ne saurait fournir insuffisamment d'informations : il fournit par définition ce qui est nécessaire à son économie propre. Si une information n'est pas fournie, c'est parce que le récit est fait de telle façon qu'elle ne doit pas l'être.

Types de déictiques spatiaux

D'un point de vue morphosyntaxique ces éléments apparaissent assez hétérogènes ; ils se distribuent pour l'essentiel en deux groupes, *démonstratifs* et *adverbiaux*.

Si certains démonstratifs sont de purs déictiques, qui accompagnent un geste de l'énonciateur (*ça, ceci, cela*), d'autres combinent sens lexical et valeur déictique : directement (*cette table*) ou par pronominalisation (*celui-ci, celui-là*). On ne confondra pas, rappelons-le, ces véritables déictiques avec les démonstratifs à valeur anaphorique, qui reprennent une unité déjà introduite dans le texte (cf. «cette fontaine» dans l'extrait de *Paul et Virginie*, ou «cela» au début de celui des *Lauriers sont coupés*).

Les déictiques adverbiaux à statut de «compléments circonstanciels» se distribuent en divers micro-systèmes d'oppositions : *ici/là/là-bas, près/loin, devant/derrière, à gauche/à droite* , etc., qui tous prennent leur valeur en fonction du geste, de la position ou de l'orientation du corps de leur énonciateur. Tout changement dans l'un de ces paramètres modifie corrélativement les objets suceptibles d'être ainsi localisés : que l'énonciateur se retourne et ce qui était «devant» passe «derrière», ce qui était «à gauche» est maintenant «à droite»…

Parmi ces axes d'oppositions sémantiques, la langue privilégie indiscutablement l'opposition du proche et du lointain, qu'on retrouve dans *ceci/cela, ici/là/là-bas, celui-ci/celui-là*. En français contemporain l'opposition *-ci/-là* tend à s'affaiblir, dans la mesure où l'on utilise constamment les formes en *-là* ou l'adverbe *là* pour désigner n'importe quel objet, qu'il soit proche ou éloigné. *Là* neutralise donc l'opposition.

Ce couple primordial qui dissocie la sphère ego-centrique (le «proche») et ses dépendances immédiates, de la sphère du non-moi ne fonctionne pas que sur le seul registre spatial ; elle vaut aussi pour la valorisation et la dévalorisation. En vertu d'une ambiguïté indéracinable le domaine du *-là*, de l'éloigné, peut signifier aussi bien l'exclusion de soi (mise à distance admirative) que l'exclusion d'autrui (rejet). Dans ces conditions, *cet homme-là* peut, selon les contextes, s'infléchir vers la louange ou le mépris. Dans *le Jeu de l'amour et du hasard*, de Marivaux, Silvia dit de Dorante qu'elle commence à aimer : «ce garçon-là n'est pas sot, et je ne plains pas la soubrette qui l'aura» (I, 7) ; en revanche, d'Arlequin, qui lui déplaît, elle dit refuser «d'essuyer les brutalités de cet animal-là» (II, 7), l'exclusion étant ici renforcée par «animal».

A côté des déictiques spatiaux facilement repérables, il existe des phénomènes déictiques non moins fréquents mais plus secrets. C'est le cas en particulier de l'opposition entre *aller* et *venir*. D'un point de vue objectif rien ne distingue *Paul va à son bureau* de *Paul vient à son bureau*, mais *venir* ne s'emploie que si l'agent du processus se dirige vers l'endroit où se trouve l'énonciateur au moment où se réalise/s'est réalisé/ se réalisera ce processus. Dans ces lignes de Giono l'énonciateur se pose en centre de la scène, vers lequel tout converge :

> D'abord ce fut comme un grand morceau de pays forestier arraché tout vivant, avec la terre, toute la chevelure des racines de sapins, les mousses, l'odeur des écorces (...). *Ça vient sur moi*, ça me couvre de couleur, de fleurance et de bruits et ça fond dans la nuit sur ma droite.
>
> (*Un de Baumugnes*, chap. X, Paris, Grasset)

Problèmes de narrateur

A partir des quelques éléments que nous venons de présenter on peut déjà entrevoir les difficultés auxquelles est confronté un narrateur quand il doit localiser quelque chose dans son texte. Il lui est difficile de s'en tenir constamment au point de vue d'un narrateur omniscient qui éliminerait tout repérage déictique, que ce dernier soit fondé sur la subjectivité narrative ou sur celle des personnages. C'est d'autant plus difficile que les localisations en apparence les plus objectives, les plus indépendantes de l'acte d'énonciation, peuvent recéler un repérage de type déictique. Écrire par exemple *L'homme était derrière l'arbre* n'est possible que si l'arbre se trouve plus près de l'observateur que l'homme. De même, une expression comme *à gauche de la maison* apparaît ambiguë. Si l'énonciateur se trouve en face de la maison, cette gauche correspond à la gauche de celui-ci et on a affaire à un repérage déictique. Si, en revanche, c'est par rapport à la maison que la localisation s'établit on dira qu'elle n'est pas d'ordre déictique (encore faut-il comprendre que la notion de «gauche» d'une maison n'a de sens que si le bâtiment est orienté par rapport à son entrée ; c'est ce qui fait par exemple qu'*à gauche de l'arbre* est ininterprétable en dehors d'un repérage déictique, les arbres n'étant pas orientés).

Les localisations effectuées par les romans oscillent entre un repérage «objectif» (non-déictique) et un repérage déictique. C'est manifestement le premier qui caractérise ce début d'*Antoine Bloyé*, de Paul Nizan :

> C'était une rue où presque personne ne passait, une rue de maisons seules *dans une ville d' Ouest*. Des herbes poussaient *sur la terre battue des trottoirs* et *sur la chaussée* , des graminées, du plantain. *Devant le numéro 11 et le numéro 20* s'étalaient les taches d'huile déposées par les deux automobiles de la rue.
>
> *Au numéro 9*, le marteau qui figurait une main tenant une boule, comme la droite d'un empereur, portait un nœud de crêpe (…).
>
> (*Antoine Bloyé*, Paris, Grasset. C'est nous qui soulignons)

Ce texte n'a cependant pas éliminé toute dimension déictique. Le démonstratif du *c'était* inaugural marque l'entrée dans l'énonciation narrative : le narrateur ouvre le texte en désignant au lecteur un lieu qu'en réalité il constitue par son geste même. Mais une fois lancé, le récit devient en quelque sorte autonome, tissant son propre jeu de renvois internes. Cette objectivité a néanmoins ses limites, inévitables : «l'Ouest» n'est interprétable que pour un lecteur qui s'oriente dans l'espace culturel français ; dans un roman américain l'Ouest posséderait une toute autre valeur.

A ce type de repérage on opposera celui que l'on trouve au début de *Sœur Philomène*, d'Edmond et Jules de Goncourt. Il s'organise en effet autour du point de vue d'un sujet implicite, qui n'est d'ailleurs pas un personnage de l'histoire :

> La salle est haute et vaste. Elle est longue, et se prolonge dans une ombre où elle s'enfonce sans finir.
>
> Il fait nuit. Deux poêles jettent par leur porte ouverte une lueur rouge. De distance en distance, des veilleuses, dont la petite flamme décroît à l'œil, laissent tomber une traînée de feu sur le carreau luisant. Sous leurs lueurs douteuses et vacillantes, les rideaux blanchissent confusément *à droite* et *à gauche* contre les murs, des lits s'éclairent vaguement, des files de lits apparaissent à demi que la nuit laisse deviner. A un bout de la salle, dans les profondeurs noires, quelque chose semble pâlir, qui a l'apparence d'une vierge de plâtre (…).
>
> *Là-bas* où une lampe à bec est posée, à côté d'un petit livre de prières, sur une chaise dont elle éclaire la paille, une grosse fille qui a les deux pieds appuyés au bâton de la chaise se lève,

les cheveux ébouriffés par le sommeil, du grand fauteuil recouvert avec un drap blanc, où elle se tenait somnolente.

On a souligné les trois localisations clairement déictiques. L'ensemble de la description est construite en fonction d'un observateur placé à un bout de la salle et qui contemple celle-ci dans le sens de la longueur. Le caractère pictural de ce dispositif est d'ailleurs explicité dans le texte même, un peu plus loin : «de veilleuse en veilleuse, *la perspective* s'éloigne». On n'a guère besoin d'insister sur les relations étroites qui se nouent entre ce type de description et l'impressionnisme pictural qui en est contemporain ; les «impressions» supposent un sujet, fût-il indéterminé, comme c'est le cas dans ce texte, qui libère ainsi un site d'observation pour le lecteur.

Les romans n'optent pas toujours pour l'une ou l'autre de ces solutions, repérage déictique ou repérage non-déictique. On trouve en effet de multiples compromis entre ces deux systèmes, sans parler des passages incessants de l'un à l'autre au sein du même texte. Ce début d'un roman de M. Kundera nous offre un exemple de compromis :

> L'automne commence et les arbres se colorent de jaune, de rouge, de brun ; la petite ville d'eaux, dans son joli vallon, semble cernée par un incendie. Sous le péristyle, des femmes vont et viennent et s'inclinent vers les sources. Ce sont des femmes qui ne peuvent pas avoir d'enfants et elles espèrent trouver dans ces eaux thermales la fécondité.
>
> Les hommes sont *ici* beaucoup moins nombreux parmi les curistes, mais on en voit pourtant, car il paraît que les eaux, outre leurs vertus gynécologiques, sont bonnes pour le cœur. Malgré tout, pour un curiste mâle, on en compte neuf de sexe féminin, et cela met en fureur la jeune célibataire qui travaille *ici* comme infirmière et s'occupe à la piscine de dames venues soigner leur stérilité !
>
> (*La valse aux adieux*, trad. F. Kérel, Paris, Gallimard)

Dans ce texte il n'y a pas de personnage effectif ou virtuel auquel on puisse rapporter les deux occurrences de l'embrayeur *ici*. Plus exactement, le seul «personnage» qui puisse soutenir l'énonciation de ces déictiques, c'est le narrateur lui-même, s'adressant au lecteur. La narration implique en effet une double scénographie : celle de l'**histoire** racontée et celle de la

narration de cette histoire[1]. Les «ici» ne désignent la ville thermale *qu'en tant qu'elle figure sur la scène narrative*, repérée par rapport au narrateur et au lecteur. Si le texte à la place de *ici* avait mis *là, dans cet endroit*, etc., il aurait repéré la ville par rapport aux énoncés antérieurs, sans faire intervenir l'énonciation. Dans les deux cas le référent visé est bien le même, mais le processus de référence passe par des voies distinctes. Ce glissement discret d'un plan à un autre n'est pas fait pour surprendre chez Kundera, qui pose constamment le narrateur en témoin actif et ironique des aventures de ses héros (sur ce type de repérage, voir aussi le chapitre 2, p. 39).

Ces problèmes de repérage déictique et non-déictique interfèrent avec la classique question des «points de vue», des «visions», des «perspectives», de la «focalisation» à laquelle s'intéressent depuis longtemps les théoriciens des techniques narratives. Ils distinguent en général trois types de «focalisation», pour reprendre ici la terminologie de G. Genette[2] :

- la *non-focalisation* : celle du romancier omniscient ;

- la *focalisation interne,* qui fait appréhender les situations à travers la conscience d'un personnage ;

- la *focalisation externe*, qui décrit de l'extérieur un personnage dont on ne connaît pas les sentiments.

Il n'est pas difficile de se rendre compte que le caractère déictique ou non-déictique du repérage spatial se situe à un niveau différent. Rien n'empêche, par exemple, le narrateur de recourir à la «focalisation interne» en usant de repérages non-subjectifs.

A la différence du romancier, l'auteur dramatique n'a pas à résoudre ces problèmes de localisation. Comme il offre le spectacle d'échanges verbaux véritables, que le lieu d'énonciation est immédiatement perceptible par le public, les éléments déictiques ne peuvent être qu'immédiatement interprétables quand ils réfèrent à la situation. Lorsque la Comtesse demande à Suzanne au début de l'acte II du *Mariage de Figaro* :

---

1. On ne confondra pas l'*histoire* (les événements racontés) avec le *récit*, c'est-à-dire le texte qui consigne cette histoire, ni avec la *narration*, l'acte d'énonciation qui a produit le récit. Nous reprenons ici la terminologie de G. Genette (cf. *Nouveau discours du récit* p. 10). Au chapitre 2 nous introduisons une acception tout à fait différente de «récit».

2. *Figures* III, Paris, Seuil, 1972, p. 206.

> Ouvre un peu la croisée sur le jardin. Il fait une chaleur *ici* !...

c'est le décor qui permet de déterminer, de manière directe, qu'*ici*
désigne la chambre à coucher de la Comtesse. Il ne faut cependant
pas oublier que ce décor lui-même n'avait avant la mise en scène
qu'une existence textuelle, celle des indications fournies par
l'auteur :

> Le théâtre représente une chambre à coucher superbe, un
> grand lit en alcôve, une estrade au-devant ; la porte pour entrer
> s'ouvre et se ferme à la troisième coulisse à droite ; etc.

On sait néanmoins que le plus souvent les indications de ce
type sont absentes ou extrêmement vagues. Cela implique que le
lecteur d'une pièce de théâtre se trouve dans une situation
beaucoup plus inconfortable que le lecteur d'un roman : alors que
le roman construit lui-même l'espace dont il a besoin, une pièce
qui n'est pas représentée suppose l'existence d'un lieu dont la
représentation fait défaut.

Les déictiques temporels

Si les déictiques *spatiaux* s'organisaient à partir de la position
du corps de l'énonciateur, les déictiques *temporels* prennent pour
origine *le moment où celui-ci parle*, moment qui correspond au
présent linguistique.

Comme précédemment, on commencera par distinguer les
indications temporelles à repérage «absolu» (*en 1975, le 22 juin
1912*...) de celles qui prennent appui sur un repère pour être
interprétées. Parmi ces dernières on retrouve la bipartition entre les
repérages déictiques et non-déictiques. Les premiers se fondent
sur le moment de l'énonciation (*je l'ai vu hier*), les seconds ont
pour repère un élément du contexte linguistique : dans *Nous
l'avons vu* **la veille de son départ,** c'est «son départ» qui
permet de fixer l'indication temporelle. La différence entre *hier* et
la veille de son départ ne réside pas dans la durée objective,
puisque tous deux marquent un intervalle d'une journée avant le
point de repère, mais dans la nature de ce repère. Le déictique *hier*
selon le moment où il sera énoncé pourra renvoyer à une infinité
de dates différentes, tandis que *la veille de son départ* ne sera pas
sujet à varier à partir du moment où *son départ* est fixé.

On ne saurait cependant limiter la classe des embrayeurs
temporels à des éléments dont la fonction est celle de «complément

circonstanciel» et dont le statut est celui d'un adverbe (*demain*) ou d'un groupe prépositionnel (*dans quelques mois*). A côté d'eux, il existe un triplet d'embrayeurs aussi essentiels que discrets : les marques de «temps» inscrites dans la morphologie verbale, qu'il s'agisse du présent, du passé ou du futur. Ainsi, *Je l'ai vu hier* comporte non pas un mais *deux* déictiques temporels : *hier* et le «passé» associé au paradigme du passé composé.

Ces «temps» ne sont pas en relation biunivoque avec les paradigmes de la conjugaison verbale (passé composé, futur simple...) recensés par les grammaires. En effet :

- Un même déictique peut figurer dans plusieurs paradigmes à la fois (l'imparfait et le passé composé, par exemple, relèvent tous deux le plus souvent du «passé»).

- Le paradigme en tant que tel importe moins que l'usage qui en est fait : il y a des contextes où les formes du présent de l'indicatif, par exemple, perdent leur valeur déictique de présent.

- On verra au chapitre suivant qu'un paradigme comme le passé simple a la propriété d'échapper à tout repérage déictique, d'impliquer une dissociation entre l'énoncé et son instance d'énonciation.

- Seuls les paradigmes de l'indicatif peuvent avoir une valeur déictique. Les subjonctifs dits «présent» ou «passé» ne constituent pas de véritables «présents» ou de véritable «passés», c'est-à-dire des éléments indiquant que le procès est contemporain ou antérieur au moment d'énonciation.

- Cette dernière remarque interfère avec la question des emplois «dépendants». Il s'agit des formes dont l'apparition n'est pas motivée par la relation au moment de l'énonciation mais par la dépendance à l'égard d'une autre forme. Ainsi, dans *Paul a reconnu que tu perdrais* la forme en *-rais* est censée indiquer un moment postérieur à *a reconnu*, mais on ne tient pas compte du lien entre *perdrais* et le moment d'énonciation. La notion traditionnelle de «futur dans le passé» apparaît particulièrement impropre : il y a ici postériorité, et non embrayage temporel.

Classification des déictiques temporels

Les déictiques temporels sont nombreux. Nous n'allons pas énumérer leurs subdivisions dans leur intégralité. Nous en donnerons seulement quelques illustrations en mettant en regard leur contrepartie non-déictique, celle qui s'appuie sur un repère interne à l'énoncé, de manière que l'on perçoive bien l'alternative qui s'offre continuellement quand il s'agit de localiser dans le temps. Ce principe de correspondance entre les deux registres n'implique pas nécessairement que chaque terme déictique possède un équivalent exact et un seul dans le registre non-déictique, et réciproquement : à côté de couples comme *hier/la veille, ce soir/ce soir-là...*, il y a des zones plus instables. Le déictique *dans un mois*, par exemple, possède deux correspondants non-déictiques, *un mois après* et *un mois plus tard*.

	Le repère est le moment d'énonciation	Le repère est un élément de l'énoncé
Coïncidence avec le repère	*maintenant* *en ce moment*	*alors* *à ce moment-là*
Antériorité au repère	*hier* *il y a huit jours*	*la veille* *huit jours plus tôt*
Postériorité au repère	*demain* *dans un mois*	*le lendemain* *un mois plus tard*
Antériorité, simultanée ou postériorité au repère	*aujourd'hui* *cet été*	*ce jour-là* *cet été-là*
Antériorité ou postériorité	*tout à l'heure* *lundi*	— *ce lundi-là*
	DÉICTIQUES	NON-DÉICTIQUES

La temporalité narrative

Ce choix entre trois possibilités — localisation temporelle absolue (*le 12 décembre 1950*), relative à l'énoncé (*le lendemain de son départ*) et relative à l'énonciation (*aujourd'hui*) — est d'une grande importance pour la narration. Il est difficilement concevable qu'un récit s'en tienne, d'un bout à l'autre, au même type de repérage. La règle générale en la matière, c'est le mélange des trois procédés. Le roman le plus impersonnel finit toujours par laisser une place aux déictiques temporels, pour peu que les personnages s'expriment au discours direct. Mais il existe aussi des textes dans lesquels le repérage déictique domine. C'est le cas en particulier dans ce qui relève de la technique du «monologue intérieur» (*infra* chap. 5) qui ne raconte qu'à travers la conscience d'un narrateur-personnage organisant tout à partir de son présent :

> La rue *est* sombre ; il n'*est* pourtant que sept heures et demie ; je *vais rentrer* chez moi ; je *serai* aisément dès neuf heures aux Nouveautés. L'avenue *est* moins sombre que d'abord elle ne le *semblait* ; le ciel *est* clair ; sur les trottoirs une limpidité, la lumière des becs de gaz, des triples becs de gaz ; peu de monde dehors ; là-bas l'Opéra, le foyer tout enflammé de l'Opéra ; je *marche* au côté droit de l'avenue, vers l'Opéra. J'*oubliais* mes gants ; bah ! je *serai tout à l'heure* à la maison ; et *maintenant* on ne *voit* personne. *Bientôt* je *serai* à la maison ; (...)

> (Édouard Dujardin, *les Lauriers sont coupés*, chap. III)

Nous avons souligné les indicateurs temporels purement déictiques. Ils ne sont pas les seuls à l'œuvre dans ce type de récit ; on trouve tout aussi bien des repérages non-déictiques, par exemple lorsque le personnage central évoque des événements passés, qu'il articule les uns sur les autres :

> j'avais été la voir *la veille* pour première fois ; c'est à minuit, quand j'ai été la demander chez le concierge du théâtre, qu'on m'a remis ce billet. Et *le jour suivant* ? c'est *le jour suivant* que chez le concierge elle m'a envoyé promener.

> (*Les lauriers sont coupés*, chap. V)

Ici les indications temporelles ne sont pas repérées par rapport au présent de l'énonciation (sinon on aurait *hier* et *demain*) mais par rapport à un moment précisé dans l'énoncé.

A ce mode de narration dominé par les repérages déictiques on opposera celui qu'illustre parfaitement ce début d'un roman de Charles Morgan :

> Un petit train traversait avec une pénible lenteur la plate campagne hollandaise *par un après-midi de janvier, en 1915*, aux environs de Bodergraven. Il transportait un groupe d'officiers anglais prisonniers.

> (*Fontaine*, Livre de Poche, trad. R. Lalou)

On a affaire dans ces lignes initiales à un repérage absolu. Bien évidemment, le caractère «absolu» de cette localisation est quelque peu... relatif, puisque le calendrier lui-même est organisé à partir d'un fait historique, la vie du Christ. C'est dans les limites de cette chronologie présupposée qu'on parle d'«absolu».

Entre ces deux extrêmes que sont un texte au repérage absolu et un texte au repérage déictique oscillent l'immense majorité des

récits. Quand on lit par exemple dans *Crime et châtiment*, de
Dostoievski :

> *Par une soirée extrêmement chaude du début de juillet*, un
> jeune homme sortit de la toute petite chambre qu'il louait dans
> la ruelle S… et se dirigea, d'un pas indécis et lent, vers le pont
> K…

(Début du roman ; trad. de D. Ergaz, La Pléiade)

on est vite amené à déceler une indication déictique dans une
phrase qui, de prime abord, semble en être dépourvue. Ce mois de
juillet ne renvoie pas à n'importe quel mois de juillet mais à un
mois de juillet d'une certaine époque, celle qui est contemporaine
de la date de parution du livre. Les premiers lecteurs du roman
n'étaient pas sur ce point dans la même situation que ceux
d'aujourd'hui, qui doivent passer par un savoir extérieur au texte
pour interpréter correctement l'indication temporelle.

Récit et situation d'énonciation

La notion de «situation d'énonciation», quand il s'agit de
narration, ne reçoit pas nécessairement un sens évident. Elle
implique l'instauration d'une certaine relation entre le moment et le
lieu à partir desquels énonce le narrateur et le moment et le lieu des
événements qu'il narre. Dans ce domaine la variété des dispositifs
qui ont été inventés apparaît illimitée et fait les beaux jours des
analystes des techniques romanesques. Les deux cas de figure les
plus simples sont diamétralement opposés :

- Il peut y avoir dissociation complète entre le monde raconté et
l'instance narrative, qui tente d'effacer toute trace de sa présence.
C'est le cas, en particulier, de ces textes au passé simple et à la
non-personne dans lesquels le narrateur n'intervient pas (*infra*
chap. 2 : le concept de «récit»).

- On peut au contraire assister à une coïncidence entre
l'énonciation et l'univers narré. On en a eu une claire illustration
avec le monologue intérieur, qui repose précisément sur la fiction
d'une fusion du narré et de sa narration.

Ce sont là des procédés extrêmes. Le plus souvent le texte
institue des dispositifs plus subtils. Considérons par exemple le
roman de Barbey d'Aurevilly *Un prêtre marié* (1865). Dans
l'«Introduction» le narrateur, qui s'exprime au «je», fait la

rencontre d'un personnage, Rollon Langrune, lequel connaît l'histoire d'une femme dont le portrait suscite la curiosité. En trois nuits ce Rollon raconte au narrateur les aventures de la jeune femme, que ce dernier transcrit pour son lecteur. C'est cette transcription que nous lisons.

Suivant en cela un procédé rhétorique traditionnel, le narrateur du roman donne sa transcription pour une transposition, irrémédiablement inférieure à l'original, le récit de Rollon. En ce sens, il assume la responsabilité de la narration :

> Les pages qui vont suivre ressembleront au plâtre avec lequel on essaie de lever une empreinte de la vie, et qui n'en est qu'une ironie ! Mais l'homme se sent si impuissant contre la mort qu'il s'en contente. Puissiez-vous vous en contenter !

> («Introduction»)

Nous rencontrons ici une notion très importante, surtout dans la littérature classique, celle de contrat narratif. Il arrive très fréquemment que le récit ne soit pas délivré comme tel au lecteur, mais présenté comme le produit d'une sorte de transaction entre un personnage, souvent identifié à l'auteur, et un personnage-narrateur qui se voit déléguer les pouvoirs du romancier. C'est ce qui se passe entre le narrateur du roman et Rollon. Ce contrat explicite renvoie en fait à un autre, moins visible mais plus fondamental, celui que le romancier établit avec son lecteur à travers l'institution romanesque. La délégation du rôle de narrateur à un personnage redouble et dissimule à la fois le passage de l'*auteur,* personne socialement et historiquement située, au *narrateur*, instance purement textuelle.

Pour analyser ces phénomènes les théories narratives ont déployé un ensemble de concepts, dont la pertinence a été âprement discutée. G. Genette parle ainsi[1]

- de **narrateur extradiégétique** pour désigner celui qui en tant que narrateur n'est inclus dans aucune histoire ; il s'oppose au narrateur **intradiégétique**, qui, avant de prendre la parole, constitue un personnage de l'histoire ;

- de narrateur **homodiégétique** quand ce dernier raconte sa propre histoire et de narrateur **hétérodiégétique** quand il narre l'histoire d'autres personnes.

---

1. *Figures* III, *op. cit.*, p. 229.

De ce point de vue, le narrateur d'*Un prêtre marié* est à la fois *extradiégétique* (il s'adresse au lecteur) et *homodiégétique* (le récit de Rollon est un événement de son histoire), tandis que Rollon est un narrateur *intradiégétique* et *hétérodiégétique* (il raconte les aventures d'autres que lui-même). Sur un plan fonctionnel on considérera que le récit du narrateur extradiégétique est **primaire** par rapport à celui de Rollon, qui s'appuie sur lui pour énoncer[1].

LECTURES CONSEILLÉES

BENVENISTE E.

1966 - *Problèmes de linguistique générale*, Paris, Gallimard, chap.XVIII et XX.
(Textes fondateurs de la réflexion énonciative sur les personnes. La distinction entre «personne» et «non-personne» y est développée.)

DOBROVIE-SORIN C.

1985 - *Actes de langage et théorie de l'énonciation*, Université de Paris VII, chap. III et IV.
(Ces chapitre présentent les notions de «sujet» d'énonciation», de «sujet d'énoncé», de «sujet modal» à travers une problématique inspirée d'A. Culioli.)

KERBRAT-ORECCHIONI C.

1980 - *L'énonciation de la subjectivité dans le langage*, Paris, A. Colin.
(Les pages 34 à 69 analysent en détail le fonctionnement des personnes et des déictiques temporels considérés comme inscriptions de la «subjectivité» dans la langue.)

SIMONIN J.

1984 - «Les repérages énonciatifs dans les textes de presse», in A. Grésillon et J.-L. Lebrave, éd. *La langue au ras du texte*, Presses Universitaires de Lille, p. 133-203.
(Les divers types de repérages sont passés en revue à travers l'étude systématique d'un corpus.)

---

1. Ce type de problèmes ne concerne pas directement l'analyse linguistique. Pour mieux les cerner on se reportera aux ouvrages spécialisés. En particulier :
T. Todorov : *Poétique de la prose*, Paris, Seuil, 1971,
G. Genette : *Figures III*, 1972, (prolongé par *Nouveau discours du récit*, Paris, Seuil, 1983),
M. Patillon : *Précis d'analyse littéraire*, Paris, Nathan, 1974,
B. Valette : *Esthétique du roman moderne*, Paris, Nathan, 1985.

TRAVAUX

• *Dans le texte suivant, en justifiant vos choix relevez et classez les embrayeurs (personnes, déictiques spatiaux et temporels) :*

> Enfin avant-hier j'étais décidé d'aller le voir, le Gustin, chez lui. Son bled c'est à vingt minutes de chez moi une fois qu'on a passé la Seine. Il faisait pas joli comme temps. Tout de même, je m'élance. Je me dis je vais prendre l'autobus. Je cours finir ma séance. Je me défile par le couloir des pansements. Une gonzesse me repère et m'accroche. Elle a un accent qui traînaille, comme le mien. C'est la fatigue. En plus ça racle, ça c'est l'alcool. Maintenant elle pleurniche, elle veut m'entraîner. «Venez, Docteur, je vous supplie !... ma petite fille, mon Alice !... C'est rue Rancienne !... c'est à deux pas !...» Je ne suis pas forcé d'y aller. En principe, moi je l'ai finie, ma consultation !... Elle s'obstine... Nous sommes dehors... J'en ai bien marre des égrotants... En voici trente emmerdeurs que je rafistole depuis tantôt... J'en peux plus...

(L.-F. Céline, *Mort à crédit*, Paris, Gallimard, Folio p. 13)

• *Du point de vue de l'embrayage énonciatif la situation d'énonciation épistolaire s'avère particulièrement intéressante. En effet, le destinataire se trouve inscrit dans un environnement spatio-temporel distinct de celui de son destinataire. Vous réfléchirez sur les moyens auxquels peuvent recourir les récepteurs d'une lettre pour interpréter ses embrayeurs. En vous appuyant sur vos conclusions vous considérerez les problèmes posés par le procédé du roman par lettres. Pour vous aider voici la première lettre des* Liaisons dangereuses, *de Choderlos de Laclos :*

CÉCILE VOLANGES A SOPHIE CARNAY AUX URSULINES DE ...

> Tu vois, ma bonne amie, que je tiens parole, et que les bonnets et les pompons ne prennent pas tout mon temps ; il m'en restera toujours pour toi. J'ai pourtant vu plus de parures dans cette seule journée que dans les quatre ans que nous avons passés ensemble ; et je crois que la superbe Tanville aura plus de chagrin à ma première visite où je compte bien la demander, qu'elle n'a cru nous en faire toutes les fois qu'elle est venue nous voir *in fiocchi*. Maman m'a consultée sur tout ; elle me traite beaucoup moins en pensionnaire que par le passé. J'ai une femme de chambre à moi ; (...)

Paris, le 3 août 17**

• *Dans* l'Ile des esclaves *de Marivaux (1725) les esclaves prennent la place de leurs maîtres, et les maîtres celle de leurs esclaves. Vous*

vous demanderez qui tutoie/vouvoie qui aux différentes phases de la pièce et vous efforcerez de dégager les principes qui règlent ces emplois. Cela devrait vous permettre de réfléchir sur la signification de cette comédie.

Pour le Jeu de l'amour et du hasard *(1730) également la répartition des* tu *et des* vous *est intéressante. En effectuant le même travail que précédemment vous pourrez confronter vos conclusions.*

• *Ces lignes constituent le début du roman d'Henri Bosco* le Mas Théotime. *Vous étudierez la manière dont se font les repérages spatiaux et temporels en prenant en compte la position inaugurale de ce passage.*

En août, dans nos pays, un peu avant le soir, une puissante chaleur embrase les champs. Il n'y a rien de mieux à faire que de rester chez soi, au fond de la pénombre, en attendant l'heure du dîner. Ces métairies que tourmentent les vents d'hiver et que l'été accable, ont été bâties en refuges et, sous leurs murailles massives, on s'abrite tant bien que mal de la fureur des saisons.

Depuis dix ans j'habite le mas Théotime. Je le tiens d'un grand-oncle qui portait ce nom. Comme il est situé en pleine campagne, la chaleur l'enveloppe et, du moment que juillet monte, on n'y peut respirer avec plaisir qu'aux premières heures du jour ou bien de la nuit. Encore faut-il qu'il passe un peu de brise. Alors on peut se tenir près de la source, sous le buis, car c'est là qu'on rencontre un air doux, qui sent l'eau vive et la feuille.

J'étais seul et je jouissais de cette solitude qu'exaltait la chaleur environnante.

Tous les volets mi-clos, dans la maison, il faisait assez frais. A peine si parfois on entendait le frémissement d'une mouche enivrée par un rai de lumière qui filtrait d'une fente.

Dehors l'air flambait en colonnes de feu et, du côté de l'aire, entre les meules, montait une odeur de blé et de fournaise. La chaux dont on avait badigeonné le sol battu rayonnait contre le mur bas de la bergerie abandonnée où fermentait la paille chaude. (Les moutons sont depuis deux mois dans les Alpes). De là ne venait aucun bruit, pas plus que de la basse-cour où sommeillaient les bêtes.

(*Le Mas Théotime*, Paris, Gallimard)

2. «Discours» et «récit»

Jusqu'ici nous avons implicitement admis que les «personnes» et la «non-personne» s'employaient indifféremment à tous les «temps» de la conjugaison des verbes. C'est d'ailleurs sur ce présupposé que s'appuie la grammaire scolaire : *je dormis, tu dormis, il dormit...* y sont placés en correspondance naturelle avec *j'ai dormi, tu as dormi, il a dormi...* Si l'on ajoute que dans cette grammaire les paradigmes de conjugaison possèdent tous une valeur temporelle (sont répartis entre le présent, le passé et le futur) il en ressort que, pour la conception traditionnelle, l'indicatif apparaît comme un système compact et homogène.

C'est le mérite d'E. Benveniste[1] d'avoir montré que cette perspective était inadéquate et qu'il fallait faire intervenir l'énonciation pour analyser l'indicatif. En effet, les locuteurs ont à leur disposition en français non pas un mais *deux* systèmes des «temps», le **discours** et le **récit** : le premier suppose un embrayage sur la situation d'énonciation, le second l'absence d'embrayage.

L'aspect

Avant d'étudier le «discours» et le «récit» il nous faut procéder à quelques rappels sommaires sur la catégorie de **l'aspect**, qui traverse cette problématique.

L'aspect constitue une information sur la manière dont le sujet énonciateur envisage le déroulement d'un procès, son mode de manifestation dans le temps. En français elle concerne surtout le

---

1. *Problèmes de linguistique générale*, «Les relations de temps dans le verbe français», Paris, Gallimard, 1966.

verbe. On se gardera de confondre l'*aspect* au sens strict et les *modes de procès*, qui sont attachés au signifié des verbes.

L'aspect proprement dit désigne un système d'oppositions morphologiques fermé qui touche tous les verbes. C'est ainsi que l'opposition entre le passé simple et l'imparfait implique une opposition aspectuelle entre le **perfectif** (où le déroulement se réduit à une sorte de «point» qui fait coïncider début et fin d'un procès) et l'**imperfectif** (où le procès est présenté en cours, sans qu'on envisage son terme) : d'une part *il dormit*, de l'autre *il dormait*.

Quant aux modes de procès, ils dépendent du sens du verbe : *sautiller*, par exemple, contient un mode de procès «itératif» (= répétition d'une action) qu'on ne trouve pas dans *sauter*. Le mode de procès le plus important est sans doute celui qui oppose le *conclusif* au *non-conclusif* ; les verbes conclusifs présentent un procès qui va à son terme (*acheter, entrer*...), alors que les non-conclusifs (*habiter* ou *savoir*, par exemple) ne sont pas orientés vers un terme. Précisons que ces modes de procès ne sont définissables qu'à l'intérieur des énoncés : selon le contexte où il figure, le même verbe pourra être lié à des modes de procès différents. Comparons ainsi *il prend la vie du bon côté* et *il prend un livre*, ou *il ramasse du bois* et *il ramasse son mouchoir*...

L'opposition entre l'**accompli** et l'**inaccompli** relève à l'évidence de l'aspect. Cette opposition traverse l'ensemble des conjugaisons en mettant en correspondance formes «simples» (*manger, je mange*, etc.) et «composées» (*avoir mangé, j'ai mangé*, etc.). On parle d'*inaccompli* lorsque le procès a lieu au moment indiqué par l'énonciation et d'*accompli* quand le procès est présenté comme achevé au moment considéré : dans *je marcherai bientôt* ou *je marchais quand il est arrivé* la marche prend place «bientôt» ou «quand il est arrivé», alors qu'avec *j'aurai marché* ou *j'avais marché* le procès serait terminé à ce moment-là.

D'un point de vue temporel, l'inaccompli a la même valeur que la forme simple qui lui correspond : *il a dormi*, employé comme inaccompli, constitue un présent au même titre qu'*il dort*. *Il a dormi* s'interprète en effet comme «en ce moment il se trouve dans la situation de quelqu'un qui a fini de dormir». On va voir que le passé composé n'est pas utilisé seulement comme forme d'inaccompli mais aussi comme passé perfectif.

Passé composé et passé simple

La théorie de Benveniste tourne précisément autour du problème posé par la relation entre passé simple et passé composé. On considère habituellement qu'il existe une *concurrence* entre ces deux «temps» : le passé composé supplanterait peu à peu le passé simple, lequel ne survivrait qu'à l'écrit et serait voué à disparaître. Autrefois forme d'accompli du présent, le passé composé serait devenu une forme perfective du passé faisant double emploi avec le passé simple, qu'il aurait réduit au rôle d'archaïsme. A cette interprétation Benveniste en oppose une autre, fondée sur la prise en compte de la dimension énonciative : en français contemporain il n'y a pas concurrence entre deux «temps» mais *complémentarité* entre deux systèmes d'énonciation, le **discours** et le **récit**. Le passé simple est le «temps» de base du «récit» et le passé composé le passé perfectif du «discours»[1].

Les termes «discours» et «récit» ne doivent pas être entendus ici dans leur sens usuel ; il s'agit de concepts grammaticaux référant à des systèmes d'emploi des «temps». Relève du «discours» toute énonciation écrite ou orale qui est rapportée à son instance d'énonciation (JE-TU/ICI/MAINTENANT), autrement dit qui implique un embrayage. Le «récit», en revanche, correspond à un mode d'énonciation narrative qui se donne comme dissociée de la situation d'énonciation. Cela ne signifie évidemment pas qu'un énoncé relevant du «récit» n'a pas d'énonciateur, de co-énonciateur, de moment et de lieu d'énonciation, mais seulement que la trace de leur présence est effacée dans l'énoncé : les événements sont présentés comme se racontant eux-mêmes. Toutefois, même si le passé simple ne s'utilise pas à l'oral, même si le «récit» efface autant que faire se peut les marques de subjectivité, et donc d'intersubjectivité, ce dernier demeure un acte de communication : il se trouve seulement que son énonciateur et son co-énonciateur sont des places présupposées par l'institution littéraire, celles de narration et de lecture, et non un «je» et un «tu» immédiats.

Le «récit» n'implique pas qu'un effacement des repérages personnels et déictiques (= repérages référentiels), il concerne

---

1. Par convention nous mettrons *discours* et *récit* entre guillemets quand nous voudrons référer aux concepts de Benveniste.

également la dimension *modale* de l'énonciation. En effet, comme on l'a vu au chapitre précédent, le sujet énonciateur est source de ces deux types de repérages à la fois. Sur le plan modal les textes au «récit» n'offrent que des assertions, des énonciations dissociées de l'énonciateur et où les relations avec le co-énonciateur sont inexistantes (pas d'ordre, de promesse, etc.) ; autant dire qu'il n'existe pas de structure de dialogue.

L'identification du «récit» est celle d'un *système* énonciatif, elle ne repose pas seulement sur la mise en évidence de tel ou tel trait. C'est ainsi que l'absence de personnes ou un repérage de type non-déictique peuvent fort bien figurer dans un texte relevant du «discours». Soit l'énoncé

Paul est revenu la veille d'Amérique

il appartient au «discours» bien qu'il ne comporte ni *je* ni *tu* et que *la veille* ne soit pas un déictique. Ce n'est pas le fait qu'il n'y ait que des non-personnes qui caractérise le «récit», mais le fait que la non-personne ne s'y oppose pas au couple JE-TU ; dans le «récit» la non-personne ne s'oppose à rien, elle n'est donc pas intégrée à une situation d'énonciation. De la même manière, la présence d'éléments non-déictiques parmi les indicateurs spatio-temporels ne constitue pas un signe d'appartenance au «récit» : dans notre exemple «la veille» pourrait fort bien être remplacé par le déictique *hier* sans qu'en soit affectée la grammaticalité de la phrase ; ici le non-déictique se trouve, immédiatement ou non, rattaché à ce déictique ultime qu'est le présent de l'énonciation. Rien de tel dans le «récit», où les non-déictiques sont le seuls éléments possibles (* *Paul arriva hier*)[1].

D'un point de vue quantitatif, la disproportion entre les textes au «discours» et ceux au «récit» est énorme. Alors que le «discours» couvre l'immense majorité des énoncés produits en français, le «récit» ne touche qu'à un usage restreint de la langue écrite. En revanche, si l'on considère le seul discours littéraire il n'en va plus de même : le rôle qu'y joue le «récit» y est considérable, ne serait-ce qu'en raison du poids de la narration romanesque.

---

1. Rappelons qu'un énoncé précédé d'un astérisque est censé agrammatical.

Analyse des deux systèmes

Le temps de base du «discours», on l'a vu, est le présent, qui distribue passé et futur en fonction du moment d'énonciation. S'ajoutent donc au paradigme du présent de l'indicatif deux «temps» du passé, l'imparfait et le passé composé, ainsi que deux paradigmes de futur, le futur simple (*viendra*) et le futur périphrastique (*va venir*), dont les valeurs sont distinctes[1]. Le «récit» dispose d'un éventail de «temps» beaucoup plus limité, puisqu'il fonctionne sur deux paradigmes seulement : le passé simple et l'imparfait. De là le tableau suivant :

Discours	Récit
Passé composé/Imparfait ↑ ↓	Passé simple / Imparfait ┊ ↓
Présent	
Futur simple/Futur périphrastique	(Prospectif)
Oral et écrit	Écrit
Usage non spécifié	Usage narratif
Embrayeurs	Absence d'embrayeurs
Modalisation	Modalisation «zéro» (= assertion)

L'imparfait est commun aux deux systèmes, qui se trouvent de ce fait en intersection. La relation entre le passé composé et l'imparfait est la même que celle qui existe entre le passé simple et l'imparfait, puisqu'il s'agit de formes aspectuellement complémentaires : d'une part l'imperfectivité, de l'autre la perfectivité. Comme le «récit» ne suppose pas d'embrayage temporel il ne connaît pas de présent, de passé et de futur. La présence d'un **prospectif** en regard du futur du «discours» n'indique pas un futur du «récit» mais ce que Benveniste qualifie de «pseudo-futur». Il s'agit seulement de tours destinés à anticiper sur la suite des événements : *allait* ou *devait* suivis de l'infinitif.

---

1. A ce sujet voir J.-J. Franckel : «Futur "simple" et futur "proche"», *le Français dans le monde*, janvier 1984, p. 65-70.

Quand on trouve un énoncé comme *le roi devait/allait mourir peu après* on n'a pas affaire à un véritable futur, qui projette à partir du présent une modalisation subjective, mais à l'anticipation sur une sorte de fatalité, un avenir déjà connu du narrateur.

Marques de subjectivité et noms de qualité

La distribution entre «discours» et «récit» ne concerne pas des énoncés isolés, mais des textes. A titre d'illustration, considérons ces deux passages, le premier relevant du «récit» et le second du «discours» :

> Feu Minoret, son parrain, lui apparut et lui fit signe de venir avec lui ; elle s'habilla, le suivit au milieu des ténèbres jusque dans la maison de la rue des Bourgeois, où elle trouva les moindres choses comme elles étaient le jour de la mort de son parrain. Le vieillard portait les vêtements qu'il avait sur lui la veille de sa mort, sa figure était pâle ; ses mouvements ne rendaient aucun son ; néanmoins Ursule entendit parfaitement sa voix, quoique faible et comme répétée par un écho lointain.

(Balzac, *Ursule Mirouët*)

Ce fragment de «récit» ne contient ni personnes ni déictiques, comme on peut s'y attendre. Il ne montre pas non plus de traces de subjectivité, au sens usuel : interjections, énoncés interrompus, éléments appréciatifs, etc. Ce n'est pas du tout le cas dans ce début du grand monologue de Figaro :

> O femme ! femme ! femme ! créature faible et décevante !... nul animal créé ne peut manquer à son instinct ; le tien est-il donc de tromper ?... Après m'avoir obstinément refusé quand je l'en pressais devant sa maîtresse ; à l'instant qu'elle me donne sa parole ; au milieu même de la cérémonie... Il riait en lisant, le perfide ! et moi, comme un benêt... ! Non, Monsieur le Comte, vous ne l'aurez pas... vous ne l'aurez pas...

(*Le mariage de Figaro*, V, 3)

Dans cet exemple de «discours» tout est centré sur le moment d'énonciation et la subjectivité du locuteur. On rencontre ainsi des phénomènes dialogiques (vocatifs, interrogations, «non», «vous ne l'aurez pas»...), des énoncés inachevés, etc.

Parmi ces éléments subjectifs on relèvera également deux groupes nominaux au statut remarquable : *un benêt, le perfide* . Ce sont des **noms de qualité**[1]. D'un point de vue syntaxique on les identifie grâce à la propriété qu'ils ont de pouvoir figurer dans deux positions singulières : *celle* + Nom de qualité + *de* + Nom (*ce perfide de comte*), et en incise à différents endroits de la phrase (*Il lisait en riant, le perfide !*). A ces particularités syntaxiques sont associées des particularités sémantiques qui les séparent des noms ordinaires. Alors que ces derniers possèdent un signifié relativement stable, indépendant de telle ou telle énonciation singulière, et qui permet de leur attribuer une classe de référents virtuels (sera dit *pré*, par exemple, un référent possédant les propriétés correspondant au signifié de ce nom), les «noms de qualité» n'ont de référent que par les actes d'énonciation des sujets. «Le perfide !» désigne une personne que je traite de «perfide» et qui n'est perfide que par mon énonciation. En dehors d'une énonciation particulière il n'existe pas de classe d'êtres perfides, imbéciles, benêts… qu'on puisse délimiter *a priori*. En outre, dans l'emploi en incise des noms de qualité l'attribution de ces noms à un individu doit être justifiée par un lien sémantique entre cet individu et le prédicat qui lui est affecté : dans le monologue de Figaro, le Comte n'est perfide qu'associé à un énoncé où «il riait en lisant».

Ainsi le nom de qualité est-il inséparable de la présence d'une subjectivité énonciative et d'actes d'énonciations singuliers. Il suffit qu'apparaissent ce type de noms pour qu'il faille restituer cette subjectivité, source de l'appréciation. Dans cette phrase de *l'Assommoir* :

> Selon les Boche, au contraire, la blanchisseuse, dès sa première nuit, s'en était allée retrouver son ancien époux, aussitôt que *ce jeanjean de Coupeau* avait ronflé.
>
> (Chapitre VIII)

la présence du nom de qualité dans une phrase apparemment «neutre» indique qu'il y a un énonciateur, les Boche en l'occurrence, et donc qu'il s'agit de «discours indirect libre» (voir chap. 5).

Parmi les marques de subjectivité il faut également accorder une place importante à ces adverbes dits «de phrase» ou «modalisateurs». Alors que les «adverbes de manière» portent sur le seul syntagme verbal (*il marchait lentement*) les adverbes de

---

1. L'analyse la plus fournie de ces noms a été réalisée par J.-C. Milner, *De la syntaxe à l'interprétation*, Paris, Seuil, 1978, chap. IV, V, VI.

phrase portent sur l'ensemble de l'énoncé. Les uns permettent de l'évaluer du point de vue de sa vérité (*peut-être, sans doute, certainement*), d'autres de sa «réalité» (*effectivement, réellement...*), d'autres sont appréciatifs (*heureusement, par chance...*).

A côté de ces termes qui portent sur l'*énoncé* il en est qui portent sur l'*énonciation* elle-même. Ainsi dans

Sincèrement, je ne pense pas me tromper

l'adverbe qualifie l'acte même de dire «je ne pense pas me tromper», l'image qu'entend en donner l'énonciateur. Ce type d'adverbes peut même impliquer le co-énonciateur ; dans

Franchement, qu'en penses-tu ?

franchement cherche à contraindre par avance l'énonciation de la réponse.

Hétérogénéité énonciative

«Récit» et «discours» sont des concepts linguistiques qui permettent d'analyser des énoncés ; ce ne sont pas des ensembles de textes. Rien n'interdit à un même texte de mêler ces deux plans énonciatifs. C'est d'ailleurs la règle générale en ce qui concerne les textes au «récit», qui sont rarement tout à fait homogènes, effacent difficilement toute marque de subjectivité énonciative. Considérons ce passage du *Rouge et le noir* :

> Tout ce mouvement, fort lent sur la fin, dura bien une minute ; mademoiselle de La Mole le regardait étonnée. J'ai donc été sur le point d'être tuée par mon amant ! se disait-elle.
>
> Cette idée la transportait dans les plus belles années du siècle de Charles IX et de Henri III.
>
> Elle était immobile, debout et comme plus grande que de coutume devant Julien qui venait de replacer l'épée, elle le regardait avec des yeux d'où la haine s'était éclipsée. Il faut convenir qu'elle était très séduisante en ce moment ; certainement jamais femme n'avait moins ressemblé à une poupée parisienne (ce mot était la grande objection de Julien contre les femmes de ce pays.)
>
> Je vais retomber dans quelque faiblesse pour lui, pensa Mathilde ; c'est bien pour le coup qu'il se croirait mon seigneur

et maître, après une rechute, et au moment précis où je viens de
lui parler si ferme. Elle s'enfuit.

(II, XVII)

Dans ce texte la narration se développe sur le couple
imparfait/passé simple, sur le «récit» donc. Mais il est facile de
déceler la présence d'éléments de «discours». Outre l'intervention
du narrateur entre parenthèses on relève des citations de Mathilde
au discours direct dans le premier et le dernier paragraphes. Au
troisième, la phrase qui commence par «il faut…» suppose un
sujet qui soit à la source des modalisations et des évaluations. A
vrai dire, on peut s'interroger sur l'identité de ce sujet, qui peut
être le narrateur ou Julien, voire les deux si l'on interprète la
seconde partie de la phrase comme du «discours indirect libre». Le
verbe «convenir» implique une sorte de connivence entre le
narrateur et son personnage, connivence incompatible avec le
fonctionnement du «récit». Ce type de textes où le «récit» est
constamment déporté vers le «discours» est caractéristique du
mode de narration stendhalien, dans lequel le narrateur oscille, à
l'égard de son héros, entre la mise à distance et l'identification.

Si l'intrusion du «discours» dans le «récit» est de règle, il n'en
va pas de même pour le phénomène inverse, l'intrusion du «récit»
dans le «discours», sauf, bien sûr, s'il s'agit d'une citation. On ne
passe pas, en effet, sans difficulté d'un système énonciatif centré
sur le sujet à un système qui s'efforce d'effacer la présence de
l'énonciateur. Quand cela se produit, on a affaire à une rupture
délibérée, fortement signifiante.

La double temporalité narrative

Nous venons d'évoquer l'interférence entre «récit» et
«discours». Nous allons nous arrêter à présent sur un phénomène
d'interférence entre repérages qui, sans faire basculer le «récit»
dans le «discours», sans rompre vraiment son homogénéité,
implique un repérage temporel *par rapport à la scène narrative*, et
non à l'histoire. On retrouve donc là un procédé rencontré au
chapitre précédent à propos des déictiques spatiaux et dont nous
avons différé jusqu'ici l'étude de la dimension temporelle.

Considérons ce passage de Stendhal qui relève du «récit» :

Le malheur diminue l'esprit. Notre héros eut la gaucherie de
s'arrêter auprès de cette petite chaise de paille, qui jadis avait été

> le témoin de triomphes si brillants. Aujourd'hui personne ne lui
> adressa la parole ; sa présence était comme inaperçue et pire
> encore.

> (Stendhal, *le Rouge et le noir*)

La présence de l'embrayeur *aujourd'hui*, à la place de ce *jour-là*,
qui est la forme attendue, n'est pas le fruit d'une négligence de
l'auteur. En fait, *aujourd'hui* n'est pas rapporté au plan des
événements racontés mais au moment de la lecture de l'histoire[1].
L'événement raconté au «récit», dans la mesure où il est identifié
au texte qui le représente, est perçu comme contemporain de la
lecture. C'est précisément une propriété de la fiction que de
pouvoir se poser comme identique à l'événement «extérieur»
qu'elle est censée narrer. Cette dualité de niveaux se retrouve
d'ailleurs dans un groupe nominal comme «notre héros» : ce terme
ne réfère à Julien Sorel qu'en tant que ce dernier est le personnage
principal du récit que nous sommes en train de lire.

Dans certains textes on assiste même à la mise en place d'une
véritable fiction secondaire dans la fiction principale, une fiction
secondaire qui implique narrateur et lecteur :

> Où allait-il ? Peu importe. Il ne fait que passer dans ce récit. On
> ne le reverra plus.

> (Jules Verne, *le Château des Carpathes*)

Ici on voit le personnage disparaître à la fois de l'histoire et de la
scène narrative. Le déictique futur (*reverra*), par exemple, est
repéré par rapport au moment de la lecture.

L'auteur a donc le loisir de dater les événements qu'il raconte par
leur «reflet» sur la scène textuelle, et de ne renvoyer
qu'indirectement à la chronologie de l'univers narré.

Le JE du «récit»

Nous avons considéré le «récit» comme un type d'énonciation
sans embrayeurs. Cela se heurte à une objection immédiate : il
existe de nombreux textes narratifs au passé simple qui sont

---

1. Problème soulevé par M. Vuillaume, «Grammaire temporelle des récits de
fiction», *Semantikos*, vol. 7, 1, 1983.

associés à un *je* ; or *je* a été défini comme un embrayeur. En réalité, il n'y a pas là de contradiction ; le *je* du «récit» n'est pas un embrayeur véritable, celui du «discours» (qui est indissociable d'un TU et de l'ICI-MAINTENANT), mais seulement la désignation d'un personnage qui se trouve dénoter le même individu que le narrateur. Si le *je* du héros de la *Recherche du temps perdu* était le narrateur le texte se dissoudrait immédiatement : ce personnage se définit précisément par le fait qu'il n'a pas accès au savoir du narrateur et qu'il est appelé à ne coïncider avec lui qu'au terme de l'histoire.

Aussi, dans un «récit» au *je*, ce dernier peut-il être substitué à une non-personne sans qu'il faille pour autant modifier le système de repérage non-déictique. Indice qu'il ne s'agit pas d'un *je* de «discours». On le voit bien dans cet extrait :

> Quand il fut enfin sorti, j'attendis un quart d'heure. Alors j'éteignis l'électricité, ouvris la porte de la bibliothèque, la refermant avec bruit, comme si je regagnais mon appartement. Puis, évitant le moindre choc, longeant à tâtons les pupitres et les vitrines de numismatique, je revins sur mes pas et ouvris doucement la porte de gauche, qui donnait dans la salle des Armures.

> (P. Benoît, *Koenigsmark*, chapitre VII)

Ce type de «récit» présente néanmoins une particularité : il permet de passer aisément du «récit» au «discours», le je opérant sur les deux registres. Ainsi dans ce texte de Gide :

> Un instant comme abandonnée je la tins à demi renversée contre moi ; je vis son regard se voiler ; puis ses paupières se fermèrent, et d'une voix dont rien n'égalera pour moi la justesse et la mélodie :

> — Aie pitié de nous, mon ami ! Ah ! n'abîme pas notre amour. Peut-être dit-elle encore : N'agis pas lâchement ! ou peut-être me le dis-je à moi-même, je ne sais plus, mais soudain, me jetant à genoux devant elle et l'enveloppant pieusement de mes bras...

> (*La porte étroite*, Paris, Gallimard)

grâce aux *je* on glisse constamment d'un plan d'énonciation à l'autre. Ce je s'interprète, en effet, de deux façons : tantôt comme personnage de «récit» («je vis»... «dis-je»...), tantôt comme élément du «discours» du narrateur. C'est ce dernier qui prend en charge, par exemple, le «peut-être» ou le «je ne sais plus».

Avec une combinaison *je* + passé simple, on demeure donc dans l'orbite du «récit». La combinaison *je* + passé composé, en

revanche, s'inscrit dans le «discours». Dire *j'ai éteint, je suis
revenu...*, c'est produire une forme de *passé*, relater des procès
révolus par rapport à la situation d'énonciation présente. Dans le
cas du «récit», il n'existe pas d'interlocution ; dans le «discours»
le *je* est le corrélat d'un *tu* implicite ou explicite. Le passé simple
se développe dans le «hors temps» de la fiction, ne constitue donc
pas un *passé* ; il suppose un univers textuel autonome, un rituel
narratif proprement littéraire. Qu'il s'agisse d'un roman
historique, d'une histoire censée contemporaine de sa lecture,
d'un texte de science-fiction, le «récit» convient à tout. Certes, il y
a un lien naturel entre narration au passé simple et évocation
d'événements révolus, mais c'est une convention interne à la
narration, non un véritable ancrage temporel, comme dans le
«discours» : l'histoire est seulement censée close pour
qu'advienne le «récit».

Passé simple et enchaînement narratif

«Par son passé simple le verbe fait implicitement partie d'une
chaîne causale, il participe à un ensemble d'actions solidaires et
dirigées»[1], écrivait R. Barthes. De fait, une forme de passé
simple ne s'emploie qu'associée à d'autres, chacune servant de
repère à celle qui suit, en l'absence de tout repérage par rapport au
moment de l'énonciation. Les formes au passé simple représentant
des intervalles temporels réduits à une sorte de «point» insécable,
leur juxtaposition s'interprète comme une succession
d'événements qui s'appuient sans chevauchement les uns sur les
autres.

En revanche, le passé composé est peu compatible avec
l'enchaînement narratif. Il pose les procès comme disjoints, tous
passés par rapport au moment d'énonciation et, en raison de son
lien avec l'accompli, les présente comme statiques, au lieu de les
tourner vers les événements qui suivent. Ainsi *Il acheta un gâteau
et il prit le train* sera interprété comme une succession, tandis que
ce n'est pas le cas pour *Il a acheté un gâteau et il a pris le train*, qui
peut dénoter deux faits indépendants. De même, si l'on peut dire
Paul a tué l'homme qu'il a renversé deux jours plus tôt, on dira
difficilement *Paul tua l'homme qu'il renversa la veille* (on devra

---

1. *Le degré zéro de l'écriture*, Gonthier, 1965, p. 30.

utiliser le plus-que-parfait : *Paul tua l'homme qu'il avait renversé la veille*). Manifestement, il est difficile de placer en second le passé simple qui exprime un événement antérieur.

Le fait que le passé composé suppose une relation avec un sujet d'énonciation est également lourd de conséquences. Si l'on remplace les formes de passé simple par des passés composés dans ces lignes de Simenon :

> Quand il revint du métro, le boulevard Richard-Lenoir était désert, et ses pas résonnaient. Il y avait d'autres pas derrière lui. Il tressaillit, se retourna involontairement...
>
> (*Maigret et son mort*, chapitre I)

on obtient un texte d'une tonalité toute différente : au lieu d'une histoire racontée par un romancier, on a plutôt affaire aux propos d'un témoin, qui d'ailleurs semblent peu naturels. En conséquence, l'adverbe *involontairement* devient incongru, associé avec un passé composé : comment un témoin peut-il savoir que ce geste était involontaire ? C'est là un privilège de narrateur omniscient.

De ce point de vue, le coup de force stylistique opéré par Camus dans *l'Étranger* ne fait que ressortir avec plus de netteté. En préférant le passé composé au passé simple, ce roman ne présente pas les énévements comme les actes d'un personnage qui seraient intégrés dans une chaîne de causes et d'effets, de moyens et de fins, mais comme la juxtaposition d'actes clos sur eux-mêmes, dont aucun ne paraît impliquer le suivant. Or cette décomposition des formes de continuité narrative converge très exactement avec la thèse qu'incarne Meursault par son comportement : il n'y a pas de totalisation signifiante de l'existence ; ce qu'on résume habituellement par la notion d'«absurde». L'intérêt de ce roman, c'est justement de ne pas développer explicitement cette thèse, mais de produire un univers textuel qui la présuppose. Ici la narration conteste d'un même mouvement le rituel romanesque traditionnel et la causalité qui lui semble associée : on ne peut pas reconstruire une série cohérente de comportements menant au geste meurtrier de Meursault dans la mesure même où les formes de passé composé juxtaposent ses actes au lieu de les intégrer. Dans ces conditions, on comprend que pour narrer au «je» sans recourir au passé simple on utilise souvent le «présent aoristique» (voir *infra*), plutôt que le passé composé.

Tentatives de dépassement

Le plus souvent, les écrivains optent pour le «discours» ou pour le «récit» ; même s'il acceptent de nombreuses interférences entre ces deux registres. Il arrive néanmoins que certains textes n'établissent pas de hiérarchie entre ces deux plans d'énonciation et les mêlent constamment, de manière à dépasser en quelque sorte leur opposition. La «violence» ainsi faite à l'économie narrative usuelle n'est évidemment pas gratuite, mais la conséquence des options fondamentales sur lesquelles se développe le texte. Ce phénomène n'a donc rien d'univoque ; on va s'en rendre compte en considérant deux cas très différents, mais appartenant à la même époque, ceux du *Voyage au bout de la nuit* de Céline et de *Regain* de Giono. Prenons quelques lignes de ce dernier roman :

> Ça a fini par une bataille. Le «Tony dans son répertoire» voulait lui casser une bouteille sur la figure et ça, on ne l'aurait pas permis. Ça a fini par une bonne bataille. Il y a eu des cris de femmes et des verres cassés. Mais, pas trop de mal pour ceux de Sault parce qu'ils tapaient tous ensemble sur le Tony. Le fils de la Marguerite se foula juste le poignet parce que son coup de poing, c'est le marbre du comptoir qui le reçut.

> (*Regain*, Chapitre III, Paris, Grasset)

Cette évocation d'une bagarre entre des villageois et un chanteur de dernière catégorie repose sur une alternance de passé composé et de passé simple qui ne correspond à aucun changement de plan énonciatif. Le caractère «parlé» se maintient d'un bout à l'autre du texte. Dans ce mode de narration Giono définit la figure d'un conteur qui cumulerait les prérogatives de l'écrivain (lequel use du «récit») et du conteur populaire, qui cherche à instaurer une scène de «discours» profondément liée à l'expression orale. Il ne s'agit ni de vérisme (Giono ne restitue pas un authentique conteur rural) ni de soumission à l'écriture traditionnelle du roman, mais d'un style, d'un artifice purement littéraire qui tente, paradoxalement, de produire un effet de «naturel».

Barbey d'Aurevilly, on s'en souvient, dans le *Prêtre marié*, avait commencé par dessiner le visage utopique d'un narrateur originel qui avait su mêler langage paysan et langue littéraire :

> Dans cette histoire qui sentait tous les genres d'aromes concentrés qui font le terroir «aussi âcrement... que la bouche d'un homme qui a beaucoup fumé sent la pipe», il enchâssa, pour être plus vrai de langage et de mœurs, dans cette langue du

XIXe siècle que le temps a pâlie en croyant la polir, un patois d'une poésie sublime.

(Introduction)

Giono, lui, s'efforce de transposer cet «enchâssement», alors que Barbey, après l'avoir évoqué, se contente d'utiliser le «récit» traditionnel.

Dans le *Voyage au bout de la nuit* de Céline le mélange du «discours» et du «récit» a une toute autre signification, mais sa démarche stylistique est très proche de celle de *Regain*. L'un comme l'autre jouent du contraste entre le caractère fortement littéraire de la narration au passé simple et la marginalité de productions langagières qui exhibent leur relation essentielle avec l'oralité et la présence physique de l'énonciateur : parler rural, d'un côté, parler populaire parisien, de l'autre. Contraste qui ne fait qu'exacerber la tension entre «discours» et «récit», mais aussi qui rend particulièrement manifeste le travail stylistique que leur association suppose.

Dans ce court passage, le héros, Bardamu, raconte un épisode de la guerre de 1914, la mort de son colonel :

> Ce *fut* la fin de ce dialogue parce que je me souviens bien qu'il a eu le temps de dire tout juste : «Et le pain ?» Et puis ce *fut* tout. Après ça, rien que du feu et puis du bruit avec. Mais alors un de ces bruits comme on ne croirait jamais qu'il en existe. On en a eu tellement plein les yeux, les oreilles, le nez, la bouche, tout de suite, du bruit, que je croyais bien que c'était fini, que j'étais devenu du feu et du bruit moi-même.
>
> Et puis non, le feu est parti, le bruit est resté longtemps dans ma tête, et puis les bras et les jambes qui tremblaient comme si quelqu'un les secouait de par-derrière. Ils avaient l'air de me quitter, et puis ils me sont restés quand même mes membres. Dans la fumée qui *piqua* les yeux encore pendant longtemps, l'odeur pointue de la poudre et du soufre nous restait comme pour tuer les punaises et les puces de la terre entière.
>
> (*Voyage au bout de la nuit*, Paris, Gallimard, Livre de Poche, p. 22-23)

Chez Giono, l'alternance du passé simple et du passé composé n'est certainement pas aléatoire, mais on ne peut pas dire qu'elle marque un changement de plan énonciatif. Le texte apparaît foncièrement homogène, et il est impossible de le caractériser comme du «discours» ou du «récit». Là encore, on est amené à postuler la figure d'un narrateur inassignable, qui développerait simultanément une énonciation «populaire» et littéraire. Mais cette énonciation, au lieu de viser à une *fusion harmonieuse* de ses deux registres, comme dans *Regain*, déstabilise en quelque sorte le texte en les faisant s'entrechoquer, se contester l'un l'autre dans une *unité contradictoire*.

Ces deux univers romanesques sont donc très différents. Giono délimite un espace imaginaire de *familiarité* verbale : un langage aux tournures «familières» et un langage propre à une «famille», un clan, un terroir. Chez Céline, au contraire, la référence au populaire urbain n'enracine pas, il subvertit. La parole des «pauvres» est censée parole vraie ; venue du «fond» de la société, elle est donc censée dire le «fond» des choses, l'élémentaire : la faim, la peur, la mort... L'association instable entre des effets de «récit» et des effets de style populaires conteste de l'intérieur la langue littéraire, identifiée aux artifices mensongers des institutions des «riches».

Dans cette écriture le caractère «populaire» se manifeste essentiellement par la dislocation de la phrase, en particulier la «dislocation à droite» (cf. «Ils avaient l'air de me quitter,... mes membres»). Cet éclatement trouve son pendant dans l'histoire elle-même, quand Céline conte des explosions, ce qui est fréquent dans son œuvre. Le parler populaire, loin de renforcer fictivement les liens de solidarité entre les hommes, les hommes et les choses, ne fait que désarticuler le corps verbal. Dans le *Voyage* la présence du «récit» préserve un minimum de continuité ; dans les ouvrages de la maturité la tension entre «discours» et «récit» sera supplantée par l'éclatement généralisé du texte et de la phrase, grâce aux points de suspension qui viennent à la fois trouer et lier les fragments de la syntaxe.

Le présent aoristique

Nous avons jusqu'à présent associé le «récit» à l'emploi du passé simple. En fait, cette association ne correspond qu'à la situation la plus courante. Si l'on définit le «récit» comme un mode de narration sans embrayage ni modalisation, il suffit qu'un texte présente ces caractéristiques pour relever du «récit», en l'absence de toute forme de passé simple. Le présent est particulièrement propice à ces emplois : c'est ce qu'on appelle traditionnellement le «présent historique» ou , de manière plus exacte, le **présent aoristique**.

Ce présent ne constitue évidemment pas un fait d'embrayage énonciatif, il n'indique pas que le procès se prolonge, est «ouvert» à droite et contemporain du moment d'énonciation. Il exclut toute valeur durative et tout repérage par rapport au moment de l'énonciation. En règle générale, sauf dans le cas de récits courts (cf. les histoires drôles : «c'est l'histoire d'un homme qui *entre* chez le coiffeur et *demande*...»), ce présent ne remplace pas purement et simplement le passé simple, il le supplée localement à des fins stylistiques bien déterminées. Ainsi, dans cet extrait des *Mémoires d'outre-tombe*, c'est le passé simple qui définit l'armature narrative, le présent aoristique n'intervenant que ponctuellement :

> Le 23 juin 1812, Bonaparte reconnut de nuit le Niémen ; il ordonna d'y jeter trois ponts. A la chute du jour suivant, quelques sapeurs passent le fleuve dans un bateau ; ils ne trouvent personne sur l'autre rive. Un officier de Cosaques, commandant une patrouille, vient à eux et leur demande qui ils sont. «Français. — Pourquoi venez-vous en Russie ? — Pour vous faire la guerre». Le Cosaque disparaît dans les bois ; trois sapeurs tirent sur la forêt ; on ne leur répond point : silence universel.
>
> Bonaparte était demeuré toute une journée étendu sans force et pourtant sans repos : il sentait quelque chose se retirer de lui. Les colonnes de nos armées s'avancèrent à travers la forêt de Pilwiski (...).
>
> (Chateaubriand, *Mémoires d'outre-tombe*, XXI, chap. 1)

Ici le passage au présent aoristique semble posséder une fonction d'organisation textuelle. Il y a mise en contraste de deux plans : d'une part, au passé simple, les actes dont Bonaparte est l'agent ; d'autre part, au présent, des épisodes significatifs mais secondaires dont les protagonistes sont des personnages anonymes.

L'interprétation de tels changements de formes ne peut donc se faire qu'en contexte. Dans le premier chapitre de *La truite*, de Roger Vailland, on trouve de même un long passage au présent aoristique, encadré par des passés composés. Il s'agit de la description d'un joueur de bowling :

> Les joueurs qui occupaient précédemment la piste 17 ont lancé leurs dernières boules et sont partis.
>
> Rambert se tient immobile sur le plancher d'élan, au plus près du stand, les coudes au corps, la boule Manhattan Rubber, vert bouteille, 15 livres, c'est son poids favori, posée sur les mains ouvertes, à hauteur du ventre. En remuant les paumes, il fait tourner la boule d'une grosseur analogue à celle des boules

de verre qui maintiennent à la surface de la mer les filets de pêche) jusqu'à ce que les trois trous destinés à recevoir les doigts se trouvent en contact avec le pouce, le majeur et l'annulaire de la main droite (...).

(*La truite*, chap. 1 : «Au bowling du Point-du-Jour», Paris, Gallimard)

L'abandon provisoire du passé composé pour le présent aoristique s'explique par le statut de ce passage. Il s'agit d'une description qui suspend momentanément le cours de l'histoire. Si le texte avait été au passé composé l'effet aurait été très différent : les gestes de Rambert auraient été présentés comme une série d'actes uniques. Grâce au présent aoristique les mouvements du lanceur de boule est posé comme exemplaire, une sorte d'archétype de tous les lancers de bowling.

Dans la littérature récente on assiste chez de nombreux écrivains à un emploi généralisé du présent aoristique. Dans ce cas il n'est plus question de suspendre provisoirement le passé simple ou, moins souvent, le passé composé, mais de narrer au présent. Dans *la Guerre*, de J.-M.-G. Le Clezio, par exemple, certains chapitres sont entièrement rédigés de cette façon. Cet emploi obstiné contribue à construire un univers très particulier ; on le voit clairement sur un court extrait :

Bea B. va d'un bout à l'autre de la grande salle. Tout le long du mur, il y a une rangée de comptoirs qui brillent. Au-dessus des comptoirs, des cercles rouges, des bandes d'or, des panneaux bleus, des panneaux blancs. Des drapeaux. Et puis des mots écrits,

PAN AM LUFTHANSA IBERIA ALITALIA
LOT KLM BEA JAL GARUDA

des mots insensés, des bouts de mots muets qui s'allument et s'éteignent. Les comptoirs sont vides. La grande salle illuminée est pleine de comptoirs vides. Bea B. s'assied sur les fauteuils de simili-cuir rouge, devant un comptoir, et elle regarde les affiches et les morceaux de papier collé au mur. Monsieur X ne dit rien non plus, il fume une cigarette.

(*La guerre*, Paris, Gallimard, p. 177-178)

Ce présent aoristique va de pair avec l'effacement des patronymes (B., X), les sigles indéchiffrables, la vacuité, le silence... Définissant des procès sans durée et coupés de l'instance énonciative, il instaure un hors-temps, un monde à la fois présent et parfaitement étranger.

On aura sans doute noté que la valeur aoristique ne permet pas de rendre compte des présents à fonction descriptive («les comptoirs sont vides», par exemple), qui ne pourraient être transposés qu'à l'imparfait, non au passé simple, puisqu'ils montrent des procès ouverts à droite. On verra au chapitre suivant que c'est précisément un des «avantages» du présent que de permettre d'effacer dans un texte l'opposition entre les formes qui font progresser la narration et celles qui sont descriptives.

Parler de «présent aoristique» n'est pas sans poser quelques problèmes, car cette forme n'est pas perçue comme l'équivalent d'un passé simple, lui aussi aoristique... Pour rendre compte de cette différence A. Culioli a suggéré que le repère de ce présent ne soit ni lié à la situation d'énonciation (comme pour le présent déictique) ni coupé de celle-ci (comme le passé simple) mais situé par rapport à un repère «fictif» construit à partir du moment d'énonciation : un repère qui serait à la fois coupé de ce moment d'énonciation et identifié à lui[1]. Cela explique l'indécision des lecteurs devant ce type de formes : ils les interprètent à la fois comme des événements dissociés du présent et comme la réactualisation, la «résurrection» de faits révolus. Culioli propose également d'analyser dans ces termes les présents des indications scéniques :

> C'est la fin d'un dîner. La table est en désordre. Les officiers et les Bohémiennes fument des cigarettes. Deux Bohémiens râclent la guitare dans un coin de la taverne et deux Bohémiennes, au milieu de la scène, dansent...
>
> (Livret de *Carmen*, acte II, scène 1)

LECTURES CONSEILLÉES

BENVENISTE E.

1966 - «Les relations de temps dans le verbe français», in *Problèmes de linguistique générale*, Paris, Gallimard, chap. 19.
(Le texte fondateur en matière de distinction entre «discours» et «récit».)

---

1. Voir A. Culioli : «Valeurs aspectuelles et opérations énonciatives : l'aoristique», in J. David et R. Martin éd., *la Notion d'aspect*, Paris, Klincksieck, 1980, p. 185.

DANON-BOILEAU L.

1982 - *Produire le fictif*, Paris, Klincksieck, chapitre V.
(Analyse très critique de la position de Benveniste.)

MAINGUENEAU D.

1981 - *Approche de l'énonciation en linguistique française*, Paris, Hachette Université.
(Présentation de l'opposition «discours»/«récit» à l'intérieur d'une analyse d'ensemble de l'indicatif.)

SIMONIN-GRUMBACH J.

1975 - «Pour une typologie des discours», in *Langue, discours, société*, J. Kristeva *et al.*, Paris, Le Seuil, p. 85-120.
(Explicitation et extension de la problématique de Benveniste à travers une conceptualisation empruntée à A. Culioli.)

TRAVAUX

• *Dans le texte suivant, distinguez les énoncés relevant du «discours» et ceux relevant du «récit» en vous appuyant sur des critères linguistiques précis :*

> Elle essaya de parler encore. Ses lèvres tremblaient comme celles d'un enfant qui sanglote ; elle ne pleurait pas toutefois ; l'extraordinaire éclat de son regard inondait son visage d'une surhumaine, d'une angélique beauté.
>
> — Alissa ! qui donc épouserai-je ? Tu sais pourtant que je ne puis aimer que toi... et tout à coup, la serrant éperdument, presque brutalement dans mes bras, j'écrasai de baisers ses lèvres. Un instant comme abandonné je la tins à demi renversée contre moi ; je vis son regard se voiler ; puis ses paupières se fermèrent, et d'une voix dont rien n'égalera pour moi la justesse de la mélodie :
>
> — Aie pitié de nous, mon ami ! Ah ! n'abîme pas notre amour. Peut-être dit-elle encore : N'agis pas lâchement ! ou peut-être me le dis-je à moi-même, je ne sais plus, mais soudain, me jetant à genoux devant elle et l'enveloppant pieusement de mes bras :
>
> — Si tu m'aimais ainsi, pourquoi m'as-tu toujours repoussé ? Vois ! j'attendais d'abord le mariage de Juliette ; j'ai compris que tu attendisses aussi son bonheur ; elle est heureuse ; c'est toi-même qui me l'as dit. J'ai cru longtemps que tu voulais continuer à vivre près de ton père ; mais à présent nous voici tous deux seuls.

(André Gide, *La porte étroite*, Paris, Gallimard)

• *Pouvez-vous justifier l'alternance du «discours» et du «récit» dans le texte suivant ?*

> Le lendemain de ce jour était un dimanche. Il pleuvait. J'allais à la ferme de Ezy. Je m'arrêtai, comme d'habitude, sous un peuplier, le long de la rivière.
>
> L'ennemi arriva peu après moi sous ce même peuplier. Il était également à bicyclette. Sa main était guérie.
>
> Il ne partait pas. La pluie tombait, drue. Puis le soleil arriva, dans la pluie. Il cessa de me regarder, il sourit, et il m'a demandé de remarquer comment parfois le soleil et la pluie pouvaient être ensemble, l'été.
>
> Je n'ai rien dit. Quand même j'ai regardé la pluie.
>
> Il m'a dit alors qu'il m'avait suivie jusque là. Qu'il ne partirait pas.
>
> Je suis repartie. Il m'a suivie.
>
> Un mois durant, il m'a suivie. Je ne me suis plus arrêtée le long de la rivière. Jamais. Mais il y était posé là, chaque dimanche. Comment ignorer qu'il était là pour moi.
>
> Je n'en dis rien à mon père.
>
> Je me mis à rêver à un ennemi, la nuit, le jour.
>
> Et dans mes rêves l'immoralité et la morale se mélangèrent de façon telle que l'une ne fut bientôt plus discernable de l'autre. J'eus vingt ans.

(M. Duras, *Hiroshima mon amour*, «Nevers»,Paris, Gallimard)

3. «Mise en relief» et description

La complémentarité aspectuelle qui existe entre l'imparfait et les «temps» perfectifs, passé simple et passé composé, explique, on l'a vu, la présence de l'imparfait à la fois dans le «discours» et le «récit». L'imparfait n'est pas apte à poser un procès dans la chronologie et, à lui seul, ne permet donc pas de narrer. Comparons ces deux énoncés : (1) *Paul dormait* et (2) *Paul a dormi*. A la différence de (2), l'énoncé (1) semble incomplet, comme en suspens, et il faut lui adjoindre un repère pour remédier à cette incomplétude (par exemple : *Paul dormait quand je l'ai vu*.)

Cette divergence entre les emplois de l'imparfait et ceux des formes perfectives s'éclaire si l'on songe que l'imparfait ne constitue pas directement un «temps» du passé : il ne situe pas un événement dans le passé mais indique simplement qu'un procès est contemporain d'un repère qui, lui, est passé. Ainsi dans *Paul dormait quand je l'ai vu* c'est *je l'ai vu* qui relève du passé, Paul dormait étant seulement présenté comme contemporain de cet événement : rien *a priori* ne permet d'affirmer que le sommeil de Paul appartient au passé, car il peut dormir encore au moment où l'on parle.

La mise en relief

Au prix d'une exploitation spécifique de sa valeur fondamentale, cette complémentarité entre l'imparfait et les formes perfectives joue un rôle essentiel dans la narration littéraire. Alors que dans l'usage ordinaire de la langue l'imparfait dénote des procès contemporains d'un repère passé, dans la narration *il s'agit plutôt de distinguer deux niveaux* : d'une part, les événements qui font progresser l'action, représentés par les formes au passé simple, de l'autre, à l'imparfait, le niveau des procès posés comme extérieurs à la dynamique narrative. L'emploi de l'imparfait est donc ici caractérisé négativement, ne renvoie pas à une classe consistante d'un point de vue sémantique : on y trouvera aussi bien des indications sur le décor, les personnages, que des commentaires du narrateur, le grossissement d'un détail, etc. Cette complémentarité s'explique assez bien : alors que les formes au passé simple, on l'a vu, impliquent une succession, l'imparfait, d'un point de vue aspectuel, comme le présent dont il est le corrélat pour un repère passé, marque que le procès est «ouvert». Ainsi, dans *Il pleuvait quand il arriva* le procès «pleuvoir» n'est pas limité sur sa droite, il se prolonge, et *prend une valeur «stative»* : restant ouvert, le procès reste extérieur à une dynamique narrative.

Dans cet extrait de M. Tournier on perçoit nettement la distinction entre ces deux niveaux :

> *Les jours commencèrent à s'allonger, mais le froid resserra son étreinte.* A moins d'entretenir sans relâche un feu d'enfer dans la cheminée de la maison forestière, les nuits canadiennes devenaient une épreuve assez rude, et Tiffauges les espaçait tout en appréciant leur pureté tonique après la moite promiscuité des baraques. *Un matin* que les étoiles rendues pelucheuses par le gel intense brillaient encore dans le ciel noir, *il fut réveillé par un coup frappé à la porte. A moitié endormi encore, il se leva en maugréant, et alla quérir quelques ronds de rutabaga qu'il avait posés sur le bord de la cheminée.* Il savait qu'il était inutile de faire la sourde oreille aux invites de l'élan dont l'insistance devenait inlassable dès lors qu'il avait senti une présence dans la maison. *Il dut lutter un moment avec la porte que le gel avait bloquée et qui céda tout à coup, s'ouvrit toute grande et découvrit la haute silhouette d'un homme botté et en uniforme.*

> (*Le Roi des Aulnes*, Paris, Gallimard, Folio p. 283)

A côté des passés simples qui assurent la progression de l'histoire, les imparfaits marquent les procès qui ne participent pas à cette progression. La seconde phrase, par exemple, («A moins... des baraques») est inséparable de la première, à laquelle elle est associée. Le texte ne peut pas être lu comme une simple succession de phrases situées sur un même plan et on est obligé de le découper en unités plus complexes : les formes d'imparfait sont couplées avec les formes perfectives, définissant ainsi des domaines cohérents dans le texte. La phrase «Il savait... dans la maison», par exemple, forme un domaine avec celle qui précède.

Ce qui vaut pour le passé simple vaut tout aussi bien pour les passés composés perfectifs, même si, comme on l'a vu, ils sont peu propices à la construction d'un enchaînement narratif. Dans cet extrait de *l'Étranger* la répartition des «temps» sur les deux niveaux se fait tout à fait régulièrement :

> *J'ai fait quelques pas vers la source.* L'Arabe n'a pas bougé. Malgré tout, il était encore assez loin. Peut-être à cause des ombres sur son visage, il avait l'air de rire. *J'ai attendu.* La brûlure du soleil gagnait mes joues et *j'ai senti des gouttes de sueur s'amasser dans mes sourcils.* C'était le même soleil que le jour où j'avais enterré maman et, comme alors, le front surtout me faisait mal et toutes ses veines battaient ensemble sous la peau. *A cause de cette brûlure* que je ne pouvais plus supporter *j'ai fait un mouvement en avant.*

> (A. Camus, *l'Étranger*, I, 6, Paris, Gallimard)

Le linguiste allemand H. Weinrich[1] a proposé de dénommer **mise en relief** ce phénomène et, recourant à une métaphore d'ordre pictural, de parler de **premier plan** pour les formes perfectives et d'**arrière-plan** pour les formes d'imparfait. On peut prendre la mesure de la divergence fonctionnelle entre ces deux plans en essayant de les dissocier dans un même texte : si l'on élimine dans l'extrait du *Roi des Aulnes* les formes d'arrière-plan on obtient un texte encore relativement cohérent ; il n'en va pas de même pour l'opération inverse car, isolées du premier plan sur lequel elles s'appuient, les formes d'arrière-plan mises bout à bout constituent une séquence passablement décousue.

Dans la fiction littéraire, la répartition des énoncés entre les deux plans obéit à des contraintes essentiellement *textuelles*. Elle ne découle pas directement du signifié des verbes. L'auteur possède sur ce point une grande liberté et l'on peut modifier considérablement la signification d'un texte en se contentant d'intervertir les deux plans. Dans ce passage des *Misérables* on a placé entre crochets la forme résultant de cette interversion :

> Toute cette cavalerie, étendards et trompettes au vent, formée en colonnes par division, descendit [descendait] (...) la colline de la Belle-Alliance, s'enfonça [s'enfonçait] dans le fond redoutable où tant d'hommes déjà étaient tombés, y disparut [disparaissait] dans la fumée, puis, sortant de cette ombre reparut [reparaissait] de l'autre côté du vallon (...) Ils montaient [montèrent], graves, menaçants, imperturbables ; dans les intervalles de la mousqueterie et de l'artillerie, on entendait [entendit] ce piétinement colossal. Étant deux divisions, ils étaient [furent] deux colonnes ; la division Wathier avait [eut] la droite, la division Delord avait [eut] la gauche. On croyait [crut] voir de

---

1. *Le temps*, tr. fr., Paris, Le Seuil, 1973.

> loin s'allonger vers la crête du plateau deux immenses couleuvres d'acier. Cela traversa [traversait] la bataille comme un prodige.
>
> (Victor Hugo, *Les Misérables*, II, I, IX)

A une exception près (*étaient tombés*), la substitution s'avère possible. Certes, le texte qui en résulte semble très moderne (la narration classique ne prend pas en général de telles libertés) mais il est clair que *le sens des énoncés n'a pas de rôle déterminant dans la répartition des deux plans.*

On peut donc difficilement prétendre qu'il y aurait des verbes que leur signifié vouerait irrémédiablement au premier ou à l'arrière-plan. Flaubert, tout particulièrement, use de formes d'arrière-plan pour des verbes que leur sens oriente nettement vers la perfectivité.

R. Barthes, dans une perspective d'analyse narrative, avait opposé ce qu'il appelait les «fonctions» (qui correspondent à peu près au «premier plan») et les «indices» (équivalents de l'arrière-plan»)[1]. Ces derniers constituaient des «indices caractériels concernant les personnages», des «informations relatives à leur identité», des «notations d'atmosphère», etc. Il insistait très justement sur le fait que le rôle d'un «indice» ne s'explique qu'en passant au niveau supérieur, celui des «fonctions», qui font progresser la narration. La difficulté soulevée par cette distinction vient du fait qu'elle repose subrepticement sur la répartition des «temps» dans le texte et non sur la nature des événements racontés : on décide qu'un procès constitue une «fonction» s'il est au passé simple... Or s'il est vrai que dans les genres de narration élémentaires (les romans d'espionnage, par exemple) il existe une correspondance relativement simple entre les actions du héros et les énoncés de «premier plan», il n'en va plus de même dans les récits un tant soit peu élaborés. Comme on l'a vu, l'auteur a la faculté de répartir à sa convenance les énoncés sur les deux plans.

La proportion de formes d'arrière-plan varie considérablement d'un texte à un autre. Barthes et Weinrich envisagent ainsi une typologie sommaire qui placerait à une extrémité les histoires où le premier plan l'emporte très nettement, où le rythme semble particulièrement rapide, et les récits dans lesquels les formes de

1. «Introduction à l'analyse structurale des récits», in *Communications* n° 8, 1966.

premier plan sont en retrait. Le *Candide* de Voltaire relève certainement de la première catégorie, et *Madame Bovary* de la seconde.

En tout cas, il ne faut pas perdre de vue que ce n'est pas l'imparfait en tant que tel qui attribue à un énoncé le statut d'énoncé d'arrière-plan mais la *relation* entre l'imparfait et les formes perfectives (dans lesquelles on inclut le présent historique). Employé différemment, l'imparfait peut prendre d'autres valeurs, en particulier une valeur «itérative» (= de répétition).

Neutralisation de l'opposition

La littérature contemporaine s'affranchit souvent des règles de l'économie romanesque classique, dont la «mise en relief» est un des maillons essentiels. C'est ainsi qu'on peut rencontrer des textes où l'opposition entre «premier plan» et «arrière-plan» se trouve neutralisée. Une telle neutralisation ne saurait se faire au profit des formes perfectives, tout à fait impropres à exprimer autre chose que des procès ponctuels. Il s'agira donc de textes à l'imparfait ou au présent ; comme l'imparfait seul s'interprète spontanément comme itératif (voir *infra* p. 63) c'est donc surtout le présent qui se trouve concerné :

> Mon père boit et se tait. Je ne sais même pas s'il écoute la musique que je joue. Les soirées sont mortelles mais je ne le sais pas encore avant ce soir-là. L'ennemi lève la tête vers moi et sourit à peine. J'ai le sentiment d'un crime. Je ferme les volets comme devant un spectacle abominable. Mon père sur son fauteuil dort à moitié comme à l'accoutumée. Sur la table il y a encore nos deux couverts et le vin de mon père. Derrière les volets la place bat comme la mer, immense. Il avait l'air d'un naufragé. Je vais vers mon père et je le regarde de très près, presque à le toucher. Il dort dans le vin. Je ne reconnais pas très bien mon père.
>
> (M. Duras, *Hiroshima mon amour*, Paris, Gallimard, Folio, p. 131)

Ce court texte forme un tout, bien détaché par la typographie, une des «notes sur Nevers» qui clôturent le livre. *A priori* rien n'empêcherait de répartir sur deux plans ce qui est ici donné au présent ; il serait néanmoins impossible de déterminer de manière sûre ce qui devrait relever de l'un et l'autre plan. En réalité, une telle entreprise dénaturerait complètement un tel texte, qui définit telle entreprise dénaturerait complètement un tel texte, qui définit manifestement un «hors-temps». Non pas le hors-temps de l'éternité mais celui d'une conscience présente qui se rapporte à un passé fantômatique. L'auteur précise d'ailleurs de quelle façon il convient de recevoir son texte : «sans ordre chronologique», «Faites comme si vous commentiez les images d'un film fait, m'a dit Resnais» (p. 125). Indication qui est censée donner une vraisemblance à cette temporalité si particulière : le personnage commente sa propre histoire comme celle de quelqu'un d'autre, un personnage de film, de fiction. Dans un tel contexte l'unique imparfait («Il avait l'air d'un naufragé») est dépourvu de tout statut de forme d'arrière-plan et semble plutôt servir à souligner un élément, à focaliser. L'énoncé ainsi mis en valeur n'est d'ailleurs pas insignifiant : on ne sait pas s'il se réfère au père ou au soldat allemand qui aime la jeune fille.

Arrière-plan et description

La «mise en relief» est étroitement liée aux phénomènes de **description.** On parle en général de description pour des unités textuelles d'une certaine ampleur qui suspendent un moment le déroulement du récit pour analyser un terme introduit par celui-ci : paysage, personnage, objet... Nous ne nous intéresserons pas ici aux problèmes que pose la définition de la description aux théoriciens de la littérature[1] et soulignerons seulement deux phénomènes qui concernent l'analyse linguistique : l'organisation du *lexique* de la description et la question de la *perspective* descriptive.

L'imparfait d'arrière-plan utilisé à des fins descriptives, en suspendant la dynamique de l'histoire, crée une certaine tension puisque le fil du discours se trouve mis au service d'une énonciation qui déploie un objet *dans l'espace* pour en analyser les composants. L'armature d'une description entretient donc des rapports privilégiés avec les taxinomies lexicales. On va le voir immédiatement en évoquant la description de «l'Assommoir du père Colombe» par Zola. Le début du chapitre 2 de l'*Assommoir* nous montre Gervaise et Coupeau attablés «à l'Assommoir du

1. Voir en particulier M. Bal : «Descriptions. Études du discours descriptif dans le texte narratif», *Lalies*, n° 1, Presses de l'École normale supérieure, 1980.

père Colombe» ; ce groupe prépositionnel introduit le **thème-titre**[1] de la description, son objet :

> L'Assommoir du père Colombe se trouvait au coin de la rue des Poissonniers et du boulevard de Rochechouart. L'enseigne portait, en longues lettres bleues, le seul mot : *Distillation*, d'un bout à l'autre. Il y avait à la porte, dans deux moitiés de futaille, des lauriers-roses poussiéreux. Le comptoir énorme, avec ses files de verres, sa fontaine et ses mesures d'étain, s'allongeait à gauche en entrant ; et la vaste salle, tout autour, était ornée de gros tonneaux peints en jaune clair, miroitants de vernis, dont les cercles et les cannelles de cuivre luisaient. Plus haut, sur des étagères, des bouteilles de liqueurs, des bocaux de fruits, toutes sortes de fioles en bon ordre, cachaient les murs, reflétaient dans la glace, derrière le comptoir, leurs taches vives, vert pomme, or pâle, laque tendre (...).

La description, d'un certain point de vue, peut être conçue comme l'ordonnancement d'un ensemble de dénominations dans le fil du texte. Se pose alors inévitablement au descripteur le problème de l'extension du stock lexical à utiliser :

- Jusqu'à quel degré de détail pousser le processus d'analyse ?

- Faut-il n'employer que des termes censés connus d'un lecteur moyen ou des personnages ? Faut-il recourir au contraire à des termes techniques, et si oui faut-il les définir ?

La réponse à de telles questions varie en fonction de la manière dont on se représente la visée du texte. Si l'on réalise des descriptions détaillées en usant d'un vocabulaire technique que l'on s'efforce d'éclaircir, c'est qu'on accorde une fonction didactique au roman, les personnages se déplaçant dans un univers de référents stables et transparents au langage. L'histoire littéraire montre que ce n'est pas la seule valeur qui ait été conférée à la description : avant le XIXe siècle, par exemple, on insistait beaucoup sur la valeur «ornementale» des descriptions[2] .

Si on la compare à certains morceaux de bravoure du roman naturaliste, la description de «l'Assommoir du père Colombe» apparaît particulièrement neutre : elle est précise sans être détaillée et ne fait pas appel à une compétence lexicale très poussée. En fait,

---

1. Terme emprunté à J.-M. Adam et A. Petitjean : «Introduction au type descriptif», *Pratiques*, N° 34, 1982, p. 80.
2. Sur les divers statuts de la description voir J.-M. Adam et A. Petitjean «Les enjeux textuels d ela description», *Pratiques*, n° 34, 1982, pp. 107 à 114.

il est très difficile d'apprécier les connaissances des lecteurs en matière de vocabulaire, et le texte lui-même joue avec ces connaissances, feignant par exemple de supposer acquis ce qu'il enseigne. Quand on lit «le comptoir énorme, avec *ses* files de verres, *sa* fontaine…» on trouve présupposée l'appartenance de la «fontaine» au comptoir, appartenance qui pouvait être ignorée du lecteur jusque là.

Mais une description n'est pas seulement une liste de dénominations. Ces dernières s'organisent en séries hiérarchisées qui définissent deux types de champs lexicaux :

- Des ensembles de termes dont l'association est fondée sur leur contiguïté dans l'unité matérielle d'un référent, d'un objet du monde, et non sur un découpage proprement sémantique. Ainsi l'ensemble formé par *l'enseigne* + *la porte* + *le comptoir* etc., tire sa consistance du fait que ses termes sont autant de parties du même objet, autant de **sous-thèmes** du thème-titre, en l'occurrence «l'Assommoir du père Colombe». On pourrait dire la même chose de la séquence *files de verres* + *fontaine* + *mesures d'étain*, dont les éléments sont associés parce qu'ils coexistent matériellement sur le comptoir.

- Des séries relevant de ce que les linguistes appellent des **champs sémantiques conceptuels**, objets privilégiés de l'analyse sémique structuraliste. Partant d'un domaine lexical découpé dans l'univers extralinguistique (le vocabulaire de l'habitation, des transports, etc.) on compare des unités qui
1) appartiennent à la même catégorie syntaxique (le plus souvent des noms),
2) dont les signifiés se délimitent les uns les autres, tirent leur «valeur» (au sens saussurien) de leur opposition aux autres termes du même paradigme.

Dans notre texte c'est le cas par exemple du triplet *vert pomme, or pâle, laque tendre* qui sont des **cohyponymes** d'un **hyperonyme**, *taches vives*. On parle d'«hyperonymie» parce que les éléments du signifié de *taches vives* se retrouvent dans les trois couleurs qui sont ses «hyponymes». De la même manière *bouteilles, bocaux, fioles* sont cohyponymes d'un terme non réalisé lexicalement, celui qui désignerait les récipients de verre.

La description s'appuie sur ces multiples réseaux, dont elle parcourt les relations horizontales (entre éléments de même niveau) et verticales (éléments hiérarchisés). Comme ce parcours de séries lexicales s'opère à l'écart de la progression de l'histoire, le lecteur se permet parfois de le sauter, conscient que la description peut se résorber dans une dénomination unique, par exemple «l'Assommoir du père Colombe», qui en assure l'unité. Ce fait d'équivalence globale entre un thème-titre et des séries lexicales, qui va à l'encontre du mouvement «romanesque», suscite inévitablement des parades chez le descripteur. Il s'agit pour ce dernier de dissimuler de son mieux le caractère de «liste» parcourable en tous sens et de conférer à ses descriptions une dynamique, un semblant de progression.

Cette impression de mouvement peut être donnée par des connecteurs d'énumération (*d'abord... puis... enfin*), mais c'est là le procédé le plus grossier. Dans notre extrait de Zola on adopte implicitement le point de vue de quelque personnage virtuel qui entrerait dans le café, découvrant successivement *l'enseigne, la porte, le comptoir à gauche en entrant*, et promènerait ensuite son regard *tout autour* de la pièce... Par ce biais la dimension narrative est réintroduite dans ce qui *a priori* semble l'exclure.

Si l'on pousse à l'extrême cet effort de «narrativisation» des descriptions, on aboutit à des textes qui, sur le plan strictement linguistique, relèvent du premier plan mais s'interprètent comme des descriptions. Cela n'est toutefois possible que si l'objet à décrire s'y prête ; c'est le cas des descriptions d'activités. Ainsi cette évocation du travail du «chaîniste» :

> Coupeau força Gervaise à se lever. Elle pouvait bien s'approcher, elle verrait. Le chaîniste consentit d'un grognement. Il enroulait le fil préparé par sa femme autour d'un mandrin, une baguette d'acier très mince. Puis, il donna un léger coup de scie, qui tout au long du mandrin coupa le fil, dont chaque tour forma un maillon. Ensuite il souda (...)

(l'Assommoir, chap. II)

Cette intégration de la description dans la progression narrative a également pour effet de la «naturaliser», c'est-à-dire de faire oublier son caractère de pièce rapportée, son autonomie par rapport aux personnages. Le début du texte inscrit donc la description dans une «focalisation interne» (*supra* p. 21) en en faisant un spectacle pour Gervaise, regard naïf, délégué de celui du lecteur.

Nous rencontrons ici un problème déjà évoqué à propos des repérages déictiques. On avait vu que la description d'une salle d'hôpital par les Goncourt (*supra* p. 19) s'organisait implicitement autour d'un regard qui faisait office de centre de perspective. Dans la description du chaîniste, en revanche, le regard de Gervaise n'intervient en aucune façon ; sa position par rapport à la scène demeure indéterminée. Le texte des Goncourt impliquait un repérage déictique par rapport à un sujet fixe et extérieur à l'histoire. La description du chaîniste suppose également un sujet immobile, mais, bien qu'il s'agisse d'un personnage, son regard n'est pas source de repérages. En faisant varier ces seuls trois paramètres on pourrait énumérer un ensemble de situations envisageables ; ainsi en associant focalisation vers un personnage, mobilité et repérage déictique on a affaire à des descriptions-promenades, si fréquentes au XIXe siècle :

> Le jeune homme suivit la direction qui lui était indiquée et s'engagea dans le chemin de ronde. *A sa droite*, se creusait un fossé, sur la crête duquel se promenaient des sentinelles. *A sa gauche*, entre la large route circulaire et la masse des bâtiments, se dessinait d'abord la double ligne d'un chemin de fer de ceinture ; puis une seconde muraille s'élevait, pareille à la muraille extérieure, ce qui indiquait la configuration de la Cité de l'Acier. C'était celle d'une circonférence dont les secteurs, limités en guise de rayons par une ligne fortifiée, étaient parfaitement indépendants les uns des autres, quoique enveloppés d'un mur et d'un fossé communs.

(Jules Verne, *Les 500 millions de la Bégum*, chap. V)

La description est ici «naturalisée» par le déplacement du héros, dont le regard organise le spectacle. Malgré la focalisation interne et le repérage déictique le texte reste en fait contrôlé par le narrateur omniscient, qui délivre les informations. Le héros semble davantage lire un plan que faire un parcours et ce périple ne sert qu'à rendre plus «digeste» la transmission du savoir.

Cette tendance à «naturaliser» les descriptions se heurte néanmoins à une autre, celle qui conduit à faire proliférer la description aux dépens de la vraisemblance. On sait par exemple que la célèbre description de la casquette de Charles qui ouvre *Madame Bovary* dépeint un objet impossible ; à partir des indications fournies par le texte on ne parvient pas à dessiner le couvre-chef correspondant : il y a un excès du texte sur le réel. Phénomène qui tient à l'ambiguïté même de la fonction descriptive ; théoriquement au service de l'action narrée, fonction auxiliaire, elle constitue également une pause décorative qui tend à valoir pour elle-même. Le roman réaliste a pu dénier cette ambiguïté, mais elle ressort de manière éclatante quand on aborde la littérature baroque ou certains romans contemporains. La littérature peut souvent feindre de n'être qu'une représentation d'une réalité devant laquelle elle s'effacerait, mais les codes esthétiques sur lesquels elle s'appuie et les pouvoirs signifiants qu'elle libère débordent de toutes parts l'exigence du «réalisme».

Même le besoin de «naturaliser» les descriptions, de les légitimer en quelque sorte, ne peut surgir qu'à l'intérieur d'une certaine conception de l'énonciation romanesque. Un tel besoin va de pair avec une subordination de la description à la progression narrative : c'est parce que l'ordre narratif est censé «imiter» l'ordre «réel» des événements, qui est linéaire, que la description semble une transgression. Il est significatif que la subversion de la hiérarchie entre narration et description soit allée de pair dans le Nouveau Roman avec une subversion de la linéarité du récit.

La neutralisation de l'opposition entre formes de premier plan et d'arrière-plan, on l'a vu, a pour effet immédiat de ruiner l'économie traditionnelle de la description. Mais cela a été rendu possible par le développement inouï des medias fondés sur l'image, qui ont libéré la littérature de la nécessité de «faire voir», d'évoquer les «cadres» de l'action. La narration s'est alors repliée sur la subjectivité et le langage lui-même, oscillant de l'un à l'autre au gré des courants.

L'étude de la description déborde très rapidement du strict domaine de la linguistique. Cette dernière peut contribuer à rendre intelligibles les processus qui assurent la cohésion des textes descriptifs mais elle ne saurait rendre raison du statut de la fonction descriptive dans la narration. Ne serait-ce que parce que les critères proprement linguistiques ne permettent pas d'identifier les descriptions. Le travail du chaîniste, par exemple, dans un autre contexte pourrait fort bien ne pas constituer une description, puisqu'il repose sur des formes de premier plan. Il n'en reste pas moins vrai que la langue offre des ressources spécifiques au descripteur (c'est le cas tout particulièrement de la «mise en relief») et qu'il suffit que ces dernières viennent à faire défaut pour que la description en tant que telle vacille.

Énoncés singulatifs et itératifs

La distinction entre premier et arrière-plan n'est pas la seule hiérarchie narrative que permette l'imparfait. Son emploi est en effet associé également à l'**itération**, c'est-à-dire à la répétition

d'un même procès. Ainsi, en l'absence de formes de premier plan
les imparfaits sont-ils interprétés comme itératifs :

> Quand Albertine *savait* par Françoise que, dans la nuit de ma
> chambre aux rideaux encore fermés, je ne dormais pas, elle ne *se*
> *gênait* pas pour faire un peu de bruit en se baignant, dans son
> cabinet de toilette. Alors souvent au lieu d'attendre une heure
> plus tardive, j'*allais* dans une salle de bain contiguë à la sienne
> et qui était agréable.

(M. Proust, la Prisonnière, Paris, Flammarion, 1984, p. 100)

Un tel usage de l'imparfait «homogénéise» en quelque sorte le
texte puisque les verbes marquant les étapes de l'action (*savait, se
gênait, allais*) ne sont pas morphologiquement distincts de ceux
qui correspondraient ailleurs à l'arrière-plan (*était agréable*), ou
résultent de la concordance des temps (*dormais*). On notera que ce
passage présente non pas une mais *deux* itérations, dont l'une est
enchâssée dans la seconde : c'est l'adverbe *souvent* qui indique le
glissement de l'une à l'autre.

L'itération relève de la catégorie grammaticale de l'aspect.
L'imparfait est loin d'être le seul «temps» qui puisse marquer une
répétition, mais il présente la singularité de pouvoir être
immédiatement interprété comme tel s'il ne s'appuie pas sur une
forme perfective. D'un point de vue sémantique, l'itération associe
deux traits qui seraient contradictoires à un même niveau : la
continuité et la *discontinuité*. D'un côté, en effet, l'itération
délimite un ensemble de procès saisi globalement, de l'autre elle
suppose l'analyse de cette totalité en unités discrètes. Sauf
spécifications particulières, l'itération renvoie à une pluralité non
définie de procès : dans le passage de Proust, par exemple, il est
impossible de préciser combien de fois «Albertine savait…». Il ne
s'agit pas de toute façon de la répétition du *même* procès (il n'y en
a jamais deux semblables), mais du résultat d'un travail
d'abstraction.

Dans le roman classique, comme l'a remarqué G. Genette[1] il
existe une *subordination* fonctionnelle des énoncés itératifs par
rapport aux énoncés **singulatifs** (c'est-à-dire ceux qui évoquent
des événements n'ayant eu lieu qu'une fois). A l'instar de la
description, l'itération est présentée comme une auxiliaire de la
progression narrative. C'est ainsi que ce fragment itératif de

---

1. G. Genette, «Fréquence», in *Figures III, op. cit.*

Stendhal n'est qu'un élément d'une séquence d'arrière-plan, en l'occurrence le portrait d'un personnage :

> Quand le docteur croyait avoir convaincu son adversaire, et dès qu'il parlait à quelqu'un, il avait un adversaire à convaincre et un partisan à gagner, ses sourcils se relevaient d'une façon démesurée et ses petits yeux gris ouverts comme ceux d'une hyène semblaient prêts à lui sortir de la tête.

> *(Lucien Leuwen*, chap. VIII)

Chez certains auteurs, comme Flaubert et surtout Proust, on assiste à une véritable subversion de cette hiérarchie. Pour les trois premières sections de la *Recherche du temps perdu*, G. Genette a relevé pas moins de 350 pages itératives contre 285 singulatives. Il serait évidemment quelque peu naïf d'expliquer ce retournement par la thématique : en fait, ce n'est pas parce que Flaubert ou Proust évoquent des habitudes qu'ils usent de l'itératif, c'est plutôt un problème de «vision».

On en a une excellente preuve dans ce que Genette appelle le **pseudo-itératif**. Proust, par exemple, rapporte de manière itérative des scènes tellement précises qu'il est impensable qu'elles aient pu se produire plus d'une seule fois, en particulier de longues conversations entre la tante Léonie et Françoise, la bonne. Certes, on peut rendre raison d'un tel phénomène en demeurant dans l'optique «réaliste» traditionnelle ; c'est ce que fait P. Guiraud : «comme il est évident que le dialogue n'a pas dû se répéter sous cette forme il en résulte que ce qui est répété et habituel c'est ce type de dialogue, la tante menant au fond de son lit une existence entièrement figée et réduite à ces futiles commérages[1].» Mais une explication de ce genre est incapable de rendre compte de l'ampleur du pseudo-itératif dans *la Recherche*, qui concerne tout aussi bien des actes nullement «figés».

Nous ne nous arrêterons pas ici sur la signification de ce phénomène dans l'œuvre de Proust. L'essentiel est de saisir ce qu'il implique sur un plan plus général : les formes temporelles ne se trouvent pas employées en fonction d'une efficacité dramatique mais *pour construire un univers de sens qui a ses lois propres*. Ce dont Proust lui-même était conscient, qui écrivait à propos du style de Flaubert que son emploi des «temps», et au premier chef de l'imparfait, avait «renouvelé presque autant notre vision des choses que Kant, avec ses Catégories, les théories de la

---

1. *Essais de stylistique*, Paris, Klincksieck, 1971, p. 142.

Connaissance et de la réalité du monde extérieur[1] ». Proust
ajoutait : «il y a une beauté grammaticale (comme il y a une beauté
morale, dramatique, etc.) qui n'a rien à voir avec la correction[2] ».
Remarque capitale qui complète la précédente : pour un roman le
renouvellement de la vision du réel ne peut qu'être indiscernable
d'un renouvellement du langage.

LECTURES CONSEILLÉES

ADAM J.-M., PETITJEAN A.
1982 - «Introduction au type descriptif», *Pratiques*, n° 34, p.77-93.
    - «Les enjeux textuels de la description», *ibid.*, p. 94-104.

BAL M.
1980 - «Descriptions. Étude du discours descriptif dans le texte narratif», in
    Lalies n° 1, Presses de l'École normale supérieure.
    (Trois excellents articles de synthèse sur les problèmes posés par la
    reconnaissance et l'analyse des descriptions.)

GENETTE G.
1972 - «Discours du récit», p. 71 à 182, in *Figures III*, Paris, Le Seuil.
    (Étude de l'itératif centrée sur l'exemple proustien.)

HAMON P.
1981 - *Introduction à l'analyse du descriptif*, Paris, Hachette Université.
    (Ouvrage brillant consacré au rôle de la description dans l'économie
    narrative. Le corpus est emprunté surtout au roman de la fin du XIXe
    siècle.)

WEINRICH H.
1973 - *Le temps*, Paris, Le Seuil.
    (Exploitation systématique de l'opposition entre premier plan et
    arrière-plan.)

1. «A propos du style de Flaubert» (1928) ; article cité dans *Flaubert*, textes
recueillis et présentés par R. Debray-Genette, Didier, Firmin-Didot, 1970, p. 46.
2. *Op. cit.*, p. 47.

TRAVAUX

• *Vous étudierez et comparerez ces deux descriptions. Analysez en particulier la répartition du «discours» et du «récit», la «mise en relief», la structuration et la nature du vocabulaire, la «naturalisation» de la description, la manière dont est assurée sa cohésion, la présence du narrateur... Quelles conclusions pouvez-vous en tirer sur les esthétiques romanesques de ces deux auteurs ?*

— Le château du Quesnay, qu'il faut bien vous faire connaître, dit Rollon, comme un personnage - puisqu'il est le théâtre de cette histoire - avait appartenu de temps immémorial à l'ancienne famille de ce nom. Il était situé, car il n'existe plus - et cette histoire vous dit pourquoi - dans la partie la plus reculée, la plus basse de la basse Normandie.

Son toit de châteaulin, d'un bleu noir d'hirondelle, brillait à travers un massif de saules dont les pieds et le flanc trempaient dans une pièce d'eau dormante, laquelle, partant du fond des bois profonds de cette terre boiseuse, s'avançait - en style de charretier, *raz la route qui passait sous le Quesnay et menait* du vieux bourg de B… au vieux bourg de S…- les bourgs étant encore plus communs que les villes, il y quarante ans, dans ce coin de pays perdu.

Sans cette pièce d'eau qu'on appelait l'étang du Quesnay, d'une grandeur étrange et d'une forme particulière (elle avait la forme d'un cône dont la base se fût appuyé à la route), la terre et le château dont il est question n'auraient eu rien de plus remarquable que les terres et les châteaux environnants. C'eût été un beau et commode manoir, voilà tout, une noble demeure. Mais cet étang qui se prolongeait bien au-delà de ce château, assis et oublié dans son bouquet de saules, mouillés et entortillés par les crêpes blancs d'un brouillard éternel, cet étang qui s'enfonçait dans l'espace comme une avenue liquide - à perte de vue - frappait le Quesnay de toute une physionomie !

(J. Barbey d'Aurevilly, *Un prêtre marié*, 1865, chapitre I)

— Les yeux perdus, elle continuait à regarder les murs de la chambre. Bien que *La Souleiade* datât du siècle dernier, on avait dû la remeubler sous le Premier Empire, car il y avait là, pour tenture, une ancienne indienne imprimée, représentant des bustes de sphinx, dans des enroulements de couronnes de chêne. Autrefois d'un rouge vif, cette indienne était devenue rose, d'un vague rose qui tournait à l'orange. Les rideaux des deux fenêtres et du lit existaient ; mais il avait fallu les faire nettoyer, ce qui les avait pâlis encore. Et c'était vraiment exquis, cette pourpre effacée, ce ton d'aurore, si délicatement doux. Quant au lit ,tendu de la même étoffe, il tombait d'une vétusté telle, qu'on l'avait remplacé par un autre lit, pris dans une pièce voisine, un autre lit Empire, bas et très large, en acajou massif, garni de cuivres, dont les quatre colonnes d'angle portaient aussi des bustes de sphinx, pareils à ceux de la tenture. D'ailleurs, le reste du mobilier était appareillé, une armoire à portes pleines et à colonnes, une commode à marbre blanc cerclé d'une galerie, une haute psyché monumentale, une chaise longue aux pieds raidis, des sièges aux dossiers droits, en forme de lyre. Mais un couvrepied fait d'une ancienne jupe de soie Louis XV, égayait le lit majestueux, tenait le milieu du panneau, en face des fenêtres ; tout un amas de coussins rendait moelleuse la dure chaise longue ; et il y avait deux étagères et une table garnies également de vieilles soies brochées de fleurs, découvertes au fond d'un placard.

(E. Zola, *Le Docteur Pascal*, 1893, chapitre II)

• *Dans les «Salons» de Diderot on trouve des descriptions de tableaux où dominent les formes du présent de l'indicatif. Pensez-vous qu'il s'agisse là d'une «neutralisation» de la mise en relief comparable à celle de certains romans de notre époque ? Justifiez votre réponse par une analyse précise du texte suivant :*

Il [= le mauvais fils] a fait la campagne. Il revient ; et dans quel moment ? Au moment où son père vient d'expirer. Tout a bien changé dans la maison. C'était la demeure de l'indigence. C'est celle de la douleur et de la misère. Le lit est mauvais et sans matelas. Le vieillard mort est étendu sur ce lit. Une lumière qui tombe d'une fenêtre n'éclaire que son visage, le reste est dans l'ombre. On voit à ses pieds, sur une escabelle de paille, le cierge béni qui brûle et le bénitier. La fille aînée, assise dans le vieux confessionnal de cuir, a le corps renversé en arrière, dans l'attitude du désespoir, une main portée à sa tempe, et l'autre élevée et tenant encore le crucifix qu'elle a fait baiser à son père. Un de ses petits enfants, effrayés, s'est caché le visage dans son sein. L'autre, les bras en l'air et les doigts écartés, semble concevoir les premières idées de la mort. La cadette, placée entre la fenêtre et le lit, ne saurait se persuader qu'elle n'a plus de père : elle est penchée vers lui ; elle semble chercher ses derniers regards ; elle soulève un de ses bras, et sa bouche entr'ouverte crie : «Mon père, mon père ! est-ce que vous ne m'entendez plus ?»

(*Salon de 1765*, «Le mauvais fils puni» de Greuze)

4. Polyphonie

La problématique **polyphonique** touche à la question de l'identité du sujet énonciateur. Ce contre quoi s'élève une telle démarche, c'est l'idée selon laquelle un énoncé n'aurait qu'une seule source, indifféremment nommée «locuteur», «sujet parlant», «énonciateur»…, source unique en qui coïncideraient trois statuts :

- celui de producteur physique de l'énoncé (l'individu qui parle ou écrit) ;

- celui de «je», c'est-à-dire la personne qui en se posant comme énonciateur mobilise à son profit le système de la langue, se place à l'origine des repérages référentiels ;

- celui de responsable des «actes illocutoires» ; chaque énonciation accomplit en effet un acte qui modifie les relations entre les interlocuteurs (assertion, promesse, ordre, etc.[1]) et on parle à ce propos d'actes «illocutoires», d'actes «de langage» ou encore d'actes «de discours».

Le plus souvent, ces trois statuts sont assumés en même temps par celui qui profère un énoncé. Si je dis par exemple à un voisin «Je pars en vacances» je suis à la fois le producteur, l'individu désigné par «je» et le responsable de mon assertion. Mais il faut pouvoir dissocier ces rôles pour rendre compte d'un certain nombre de phénomènes linguistiques. Ce qui est vrai de l'emploi usuel de la langue l'est également et *a fortiori* du discours littéraire, qui suppose un type de communication irréductible aux échanges linguistiques ordinaires.

1. Sur cette question voir *les Énoncés performatifs*, par F. Récanati, Paris, Ed. de Minuit, 1981.

La notion de «polyphonie», empruntée aux travaux de M. Bakhtine[1] , a été développée de manière systématique par O. Ducrot pour traiter ces énoncés où dans le discours d'un même énonciateur se laissent entendre différentes «voix»[2].

Sujet parlant et locuteur

Avec Ducrot on commencera par distinguer le **sujet parlant** du **locuteur** d'un énoncé. Le premier joue le rôle de producteur de l'énoncé, de l'individu (ou des individus) dont le travail physique et mental a permis de produire cet énoncé ; le second correspond à l'instance qui prend la *responsabilité* de l'acte de langage.

Les phénomènes de reprise, si fréquents dans le dialogue, illustrent clairement cette possibilité de dissociation entre «sujet parlant» et «locuteur»[3]. Ainsi, dans ce fragment de conversation :

DORANTE : Vous êtes sensible à son amour, je l'ai vu par l'extrême envie que vous aviez tantôt que je m'en allasse ; ainsi vous ne sauriez m'aimer.

SILVIA : *Je suis sensible à son amour* ! qui est-ce qui vous l'a dit ? *Je ne saurais vous aimer* ! qu'en savez-vous ? Vous décidez bien vite.

(Marivaux, *le Jeu de l'amour et du hasard*, III, 8. C'est nous qui soulignons)

Dans les deux énoncés soulignés, Silvia reprend au «je» les propos de Dorante mais sans les prendre à son compte, les poser

---

1. Voir *Mikhaïl Bakhtine, le principe dialogique*, par T. Todorov, Paris, Le Seuil, 1981.
2. En France les phénomènes relevant de la polyphonie ont été problématisés par deux théories, celle d'O. Ducrot et celle d'A. Culioli. Pour ne pas compliquer notre présentation en décrivant des théories qui ne se recoupent pas complètement nous nous contenterons de développer la position de Ducrot, plus aisément accessible et qui fait souvent appel à des considérations d'ordre littéraire. C'est donc un choix purement pédagogique. (Pour avoir une vue des idées d'A. Culioli sur cette matière on peut consulter l'article de J. Simonin «De la nécessité de distinguer énonciateur et locuteur dans une théorie énonciative», *DRLAV* n° 30, 1984). La conceptualisation de Ducrot a évolué sur ce sujet ; dans ce chapitre nous suivons la plus récente, celle de *Le dire et le dit*, Paris, Éd. de Minuit, 1984.
3. Par convention nous mettrons entre guillemets «sujet parlant», «locuteur» et «énonciateur» quand ces termes sont les concepts polyphoniques et n'ont donc pas la valeur qu'ils possèdent habituellement en linguistique.

comme valides : elle en est bien le «sujet parlant», mais pas le «locuteur».

Il y a fort longtemps que les théoriciens de la littérature appliquent cette distinction, ou plutôt son équivalent, à leur domaine. Honoré de Balzac ou Victor Hugo sont bien les «sujets parlants» de leurs œuvres, les individus empiriques qui les ont produites, mais ce n'est pas à eux que ces textes attribuent la responsabilité de leur énonciation : c'est à une certaine figure du «narrateur» ou du «poète». La notion traditionnelle d'«auteur» est d'ailleurs significativement équivoque sur ce point : «l'auteur» est tantôt la personne qui a tenu la plume, écrit l'œuvre, tantôt le personnage de l'auteur dans cette œuvre (par exemple la personne qui interpelle le lecteur dans *Jacques le fataliste*), qu'il reste caché ou qu'il se manifeste. Pour sortir de cette ambiguïté, nous réserverons le terme **auteur** à l'instance que le texte pose comme le garant de son énonciation et nous parlerons d'**écrivain** pour l'équivalent du «sujet parlant» : ainsi, le «je» qui ouvre la *Recherche du temps perdu* ne renvoie pas à l'*écrivain* Marcel Proust mais à son *auteur* (en l'occurrence son *narrateur*, puisqu'il s'agit d'un roman), celui qui prend en charge le récit.

Cet auteur n'est en effet que le corrélat de l'énonciation textuelle et n'a pas d'existence indépendante de son rôle énonciatif. Un écrivain peut fort bien produire un roman de cape et d'épée dans lequel le narrateur apparaît comme un homme du XVIIᵉ siècle ; nul ne songera à l'identifier à l'écrivain. Certes, il est possible de définir des relations intéressantes entre l'écrivain et les narrateurs de ses récits (en faisant appel à la psychologie, à la sociologie, en particulier), mais cela demeure extérieur au fonctionnement de la communication littéraire. Le seul fait que bien souvent les écrivains publient sous un **pseudonyme** est révélateur de la coupure que le discours littéraire établit entre l'instance productrice et l'instance qui assume l'énonciation. Signer d'un pseudonyme, c'est construire à côté du «je» biographique l'identité d'un sujet qui n'a d'existence que dans et par l'institution littéraire. Le recours au pseudonyme implique la possibilité d'isoler dans l'ensemble illimité des propriétés qui définissent l'écrivain une propriété singulière, celle d'écrire de la littérature, et d'en faire le support d'un nom propre.

Certains textes jouent de manière virtuose de ces décalages. C'est en particulier le cas de *Jacques le fataliste* de Diderot, célèbre pour les fréquentes interventions du narrateur, qui dialogue avec son lecteur (plus exactement son *narrataire*, puisqu'il s'agit de narration) par-dessus la tête des personnages. Pas plus que ce narrateur n'est Diderot le lecteur n'est un individu ou un ensemble d'individus extérieurs au texte : l'un et l'autre sont des figures construites par le récit à ses fins propres. Le **lecteur**, apostrophé ou non par le narrateur, n'est qu'une place dans un dispositif, une position de lecture à laquelle le texte associe diverses caractéristiques. On distinguera donc soigneusement ce lecteur du **public** (= les personnes qui lisent effectivement le texte), de la même manière qu'on a distingué l'*auteur* de l'*écrivain*. Il arrive souvent que ce lecteur soit en quelque sorte masqué par un narrataire présent en tant que personnage dans l'histoire : ainsi, comme on l'a déjà vu, dans *Un prêtre marié* l'histoire est-elle contée par Rollon au narrateur, devenu personnage et qui joue le rôle de délégué du lecteur. Dans cette perspective, *la Modification* de Michel Butor apparaît comme un cas limite : son héros, identifié comme «vous», coïncide avec son lecteur ; on pourrait même dire qu'il coïncide aussi avec son narrateur, puisque c'est le héros qui à la fin du périple devient l'auteur du livre.

Quand on parle du destinateur et du destinataire de la communication littéraire il ne faut toutefois jamais oublier que cette dernière est fort différente de l'échange linguistique ordinaire : le destinataire n'est pas présent, il n'est que virtuel même si le texte lui assigne un faisceau de propriétés.

Le personnage comme «locuteur»

L'auteur n'est pas le seul à pouvoir dire «je» dans un texte. Les narrations présentent continuellement des personnages qui énoncent au discours direct, se posent en responsables de leur énonciation, en «locuteurs» :

> Jacques s'échappe des mains de son maître, entre dans la chambre de ces coupe-jarrets, un pistolet armé dans chaque main. «Vite, qu'on se couche, leur dit-il, le premier qui remue je lui brûle la cervelle.»

> *(Jacques le fataliste)*

Le personnage passe du statut de non-personne à celui de «locuteur», le discours direct ayant la vertu d'introduire dans l'énonciation de l'auteur les énonciations d'autres sujets. Mais il ne faut pas oublier que ces propos, à un niveau plus élevé, sont en fait placés sous la responsabilité de l'auteur qui les rapporte, au même titre que tous les autres éléments de son histoire. Ce phénomène d'enchâssement est d'ailleurs récursif : le personnage-«locuteur» peut à son tour rapporter les propos d'un personnage de son propre récit, et ainsi de suite. La littérature picaresque offre de nombreux exemples d'emboîtements narratifs de ce genre.

La position de l'*auteur dramatique* par rapport aux énonciations de ses personnages est très différente. On ne peut pas dire qu'il s'agisse de «discours direct» puisque l'auteur est absent et laisse les personnages dialoguer de manière autonome. Certes, c'est bien l'auteur qui est responsable de tous leurs propos, comme dans un roman, mais les sujets qui prennent la parole ne sont pas des non-personnes dont les énonciations seraient contingentes (beaucoup de personnages de romans ne sont jamais des «locuteurs») : ils n'existent que dans leurs énonciations. Tout ce dispositif repose sur une polyphonie ultime, celle par laquelle on distingue le «sujet parlant» (l'acteur qui joue le rôle) et le «locuteur» (le rôle) : c'est la Champmeslé qui parle mais c'est Atalide qui prend en charge les propos.

Le théâtre constitue donc un mode d'énonciation littéraire très singulier, qui ne se laisse pas ramener, malgré l'illusion qu'il tend à imposer, à l'usage ordinaire de la langue. Il suppose en effet l'enchâssement d'un ensemble de situations d'énonciation à l'intérieur d'une première, globale. On distinguera :

(1) La relation qui s'institue entre l'auteur et le spectateur (ou, éventuellement, le lecteur). Dans cette situation d'énonciation l'énoncé n'est autre que la pièce elle-même, l'ensemble des répliques des personnages.

(2) Les différentes situations d'énonciation présentées sur la scène, les interactions entre les personnages.
Cela implique un double travail de la part du destinataire de (1), qui doit interpréter les propos des personnages à deux niveaux différents. Il devra, par exemple, interpréter ce que dit Sganarelle dans *Dom Juan* comme des propos rapportés au valet de Dom Juan s'exprimant dans telle ou telle scène. Mais il devra aussi déchiffrer les énonciations de Sganarelle en tant qu'elles s'inscrivent dans le réseau des relations entre les personnages de la pièce, c'est-à-dire par rapport au sens résultant de la pièce considérée globalement.

Les situations théâtrales ne se laissent pas toujours ramener à ce schéma simple. Il existe bien des cas où la distinction entre théâtre et discours rapporté perd de son évidence. Ainsi, lorsqu'on a affaire à une sorte de «théâtre intérieur», à un «sujet parlant» qui joue le rôle de plusieurs «locuteurs», les met en quelque sorte en scène dans sa propre énonciation. On songe ici à la célèbre scène des *Fourberies de Scapin* où Géronte, placé dans un sac sous prétexte de le soustraire à d'imaginaires ennemis, est roué de coups :

> SCAPIN (*lui remettant encore la tête dans le sac*) : Prenez garde, voici une demi-douzaine de soldats tous ensemble. (*Contrefaisant la voix de plusieurs personnes*) : «Allons, tâchons de trouver ce Géronte, cherchons partout. N'épargnons point nos pas. Courons toute la ville. N'oublions aucun lieu. Visitons tout. Furetons de tous côtés. Par où irons-nous ? Tournons par là. Non, par ici. A gauche. A droite. Nenni. Si fait» (*A Géronte avec sa voix ordinaire*) : Cachez-vous bien. «Ah ! camarade, voici son valet. Allons, coquin, il faut que tu nous enseignes où est ton maître» (...)
>
> (Acte III, scène II)

Scapin place ici sa voix sur le même plan que celles qu'il invente et contrefait. Ce procédé extrême nous rappelle à sa façon la vérité du discours rapporté au style direct, qui constitue davantage la mise en scène de l'énonciation d'un autre «locuteur» que la reproduction fidèle de paroles effectivement proférées (*infra* chapitre 5).

«Locuteur-L» et «locuteur-λ»

Ducrot analyse plus avant ce concept de «locuteur» en y distinguant deux instances : le «locuteur en tant que tel» (noté **locuteur-L**) et le «locuteur en tant qu'être du monde» (noté **locuteur-λ**). Le premier désigne le locuteur considéré du seul point de vue de son activité énonciative, en tant qu'être de discours. Le locuteur-λ, en revanche, désigne le locuteur en tant que ce dernier possède par ailleurs d'autres propriétés, constitue un être du monde.

Cette distinction peut sembler byzantine ; en fait, elle permet de rendre compte de phénomènes aussi importants que **l'interjection** ou **l'ethos**.

S'interroger sur la spécificité énonciative de l'interjection, c'est se demander quelle différence on peut établir entre «ouf !», par exemple, et un énoncé de contenu identique comme «Je suis soulagé». Pour Ducrot, en disant «Je suis soulagé» on implique le locuteur-λ, l'être du monde désigné par le locuteur, on lui attribue une certaine propriété, indépendante de l'énonciation. En revanche, dire «ouf !», c'est *proférer une énonciation soulagée*, présenter son énonciation comme un effet immédiat du sentiment de soulagement ; dans ce cas, c'est le locuteur-L qui est concerné : en tant que tel le locuteur d'«ouf !» ne peut qu'être soulagé (on peut dire «Je suis soulagé» sans avoir l'air soulagé). On le voit, l'interjection suppose une théâtralisation de son propre corps d'énonciateur.

La notion d'*ethos* provient de la rhétorique antique. Pour Aristote «on persuade par le caractère [en grec *ethos*], quand le discours est de nature à rendre l'orateur digne de foi ; car les honnêtes gens nous inspirent confiance plus grande et plus prompte sur toutes les questions en général» (*Rhétorique* 1356 a). «Les orateurs inspirent confiance pour trois raisons ; les seules en dehors des démonstrations qui déterminent notre croyance : la prudence, la vertu, la bienveillance» (1378 a). Il s'agit donc pour l'orateur de donner une certaine image de lui-même, de jouer à l'homme prudent, vertueux, bienveillant, pour persuader son auditoire. Cet ethos n'appartient pas à l'individu considéré indépendamment de son discours : ce n'est qu'un personnage adapté à la cause que défend l'orateur. Ce dernier ne dit pas explicitement «Je suis honnête, courageux, etc.» mais il adopte en parlant le ton, les manières que l'opinion attribue à un homme honnête, courageux, etc. L'ethos est donc attaché au locuteur-L, à l'être de discours, et non au locuteur-λ.

Rien n'empêche le locuteur-L de se mettre en valeur en dévalorisant le locuteur-λ : c'est ce qu'on appelle l'autocritique. Rousseau, par exemple, dans ses *Confessions* évoque avec la plus grande sincérité ses fautes, celles du locuteur-λ. Ce faisant, il offre l'image d'un locuteur-L sincère, véridique, qui tient la promesse qu'il a faite de «montrer à ses semblables un homme dans toute la vérité de la nature».

La prise en compte de l'ethos est d'une grande conséquence pour l'étude des textes littéraires. Loin d'être réservée au orateurs, elle est constamment impliquée dans l'écrit même : les textes sont inséparables d'une «voix», d'un «ton» particuliers. Depuis qu'il existe des commentaires sur la littérature on s'est attaché à caractériser cette dimension, fût-ce de manière allusive. Ce sont, rappelons-le, autant de propriétés attribuables à la figure de l'auteur, nullement à la personne de l'écrivain. Le même écrivain peut adopter d'un texte à un autre, ou à l'intérieur du même texte, des ethos très différents. L'ethos de l'homme du monde ironique qui est associé à l'énonciation des premières *Lettres provinciales* de Pascal est ainsi vite remplacé dans les lettres suivantes par un ethos véhément et quasiment prophétique.

On aurait néanmoins tort, comme le fait la tradition, d'affecter l'ethos au seul sujet énonciateur. En vertu du caractère premier du couple interlocutif *il implique également le co-énonciateur*, ici le lecteur. Le texte construit un certain ethos de ce lecteur, il lui affecte divers traits, en fonction de son énonciation. La place de lecteur n'est pas une case sans spécification aucune : le texte suppose telles ou telles caractéristiques chez celui qui le lit. Là où un texte se donnera comme s'adressant à un lecteur masculin, citadin, qui aurait son franc parler..., tel autre supposera un lecteur féminin, d'un milieu aristocratique, aimant les métaphores précieuses... Cela ne signifie évidemment pas que ce soit le public effectivement touché par le texte.

En fait, les œuvres littéraires adoptent le plus souvent l'ethos attaché aux **genres** dans lesquels elles s'investissent. C'est précisément la fonction d'un genre que de définir *a priori* un système de contraintes sur la production et la réception des œuvres : quand on lit *Cinna* on lit aussi une tragédie classique. Les ethos du poète romantique et de son lecteur ne sont pas les mêmes que ceux de l'auteur et du lecteur de madrigaux baroques, ni l'ethos d'un romancier naturaliste le même que celui d'un romancier picaresque.

C'est à ces ethos «génériques» que renvoie obliquement P. Hamon quand il oppose l'«image» du «conteur» et celle du «descripteur». Pour lui le conteur «est un personnage plutôt masculin, plutôt truculent, bon-vivant, désintéressé, sociable, aimable et bavard, (...), personnage d'oncle ou de grand-père bienveillant». En revanche, le descripteur «est plutôt du côté des savants austères peu diserts, des scientifiques en chambre, des livres en tant qu'ils s'opposent à la vie, du savoir stocké en tant qu'il s'oppose à l'imagination vive»[1].

L'«énonciateur»

La distinction entre «locuteur» et «énonciateur» opère sur un plan différent. Comme le «locuteur», l'«énonciateur» constitue la

---

1. P. Hamon, *Introduction à l'analyse du descriptif*, Paris, Hachette, 1981, p. 41.

source d'une énonciation, mais on ne peut lui attribuer aucune parole, au sens strict. L'«énonciateur» intervient dans un énoncé à titre d'instance donnant un «point de vue», une «position» qui ne s'expriment pas à travers des mots précis. Le destinataire perçoit ce «point de vue», sait qu'il doit l'attribuer à un «énonciateur» distinct mais ne peut pas aller au-delà.

Les textes narratifs nous offrent une possibilité de comparaison assez éclairante quand ils s'organisent à partir d'une sorte de «centre de perspective» implicite qui n'est pas celui du narrateur. Alors que le narrateur est un «locuteur» qui raconte, assume la responsabilité d'un récit, le centre de perspective que met en place ici ou là le narrateur organise tacitement autour de lui des événements sans pour autant les raconter. Considérons ce passage des frères Goncourt dans lequel une servante, Germinie Lacerteux, se promène en banlieue avec son fiancé :

> Ils arrivaient *derrière Montmartre* à ces espèces de grands fossés, à ces carrés *en contre-bas* où se croisent de petits sentiers foulés et gris. Un peu d'herbe était là, frisée, jaunie et veloutée par le soleil, *qu'on apercevait tout en feu dans les entre-deux des maisons.* Et Germinie aimait à y retrouver les cardeuses de matelas au travail, les chevaux d'équarrissage pâturant la terre pelée, les pantalons garance des soldats, jouant aux boules, les enfants enlevant un cerf-volant noir dans le ciel clair. *Au bout de cela, l'on tournait pour aller traverser* le pont du chemin de fer par ce mauvais campement de chiffonniers, le quartier des Limousins du bas de Clignancourt.

> (*Germinie Lacerteux*, chapitre XII ; c'est nous qui soulignons)

Cette promenade est rapportée par un narrateur invisible mais elle est décrite à partir d'un centre de perspective implicite que l'on identifie immédiatement comme étant Germinie. L'expression «derrière Montmartre», par exemple, peut désigner des endroits très différents selon le lieu où se situe la source du regard ; ici elle prend sens à l'intérieur du trajet du personnage.

La relation entre «narrateur» et «centre de perspective» narratif nous aide à comprendre celle entre «locuteur» et «énonciateur», la possibilité pour un «locuteur» de laisser s'exprimer dans son énoncé un autre point de vue que le sien, une autre «voix». La technique du «discours indirect libre» (voir chapitre 5) y fait largement appel. C'est aussi le cas de l'ironie.

L'ironie

Il existe à l'heure actuelle plusieurs théories linguistiques concurrentes de ce phénomène[1]. Elles se définissent par rapport à une approche nouvelle, celle de D. Sperber et de D. Wilson, «les ironies comme mentions», qui en 1978 a modifié notablement la conception rhétorique traditionnelle sur ce sujet.

L'ironie fait partie de ces phénomènes de «trope», qui s'appuient sur la notion de «sens littéral». Qu'il s'agisse de la *métaphore* («Paul est un requin»), de l'*hyperbole*, de la *litote* ou de l'*ironie*, dans tous les cas une énonciation doit être interprétée comme porteuse d'un autre sens que celui qu'elle délivre littéralement. Dire «Paul est un requin», ce n'est pas affirmer que Paul est un squale ; de même quand Chimène déclare à Rodrigue «Je ne te hais point» (litote) il faut entendre qu'elle l'aime. Il en va de même pour l'ironie qui, d'après le traité des figures de C. Fontanier, «consiste à dire par une raillerie, ou plaisante, ou sérieuse, le contraire de ce qu'on pense, ou de ce qu'on veut faire penser»[2].

Sperber et Wilson ont proposé de voir dans l'ironie un phénomène de **mention**. Ils renvoient par là à une distinction conceptuelle classique en logique, celle qui oppose la «mention» d'un terme à son «usage». Très schématiquement, on dira qu'un terme pris en «mention» est autonyme, c'est-à-dire se désigne lui-même, tandis que pris en «usage» il permet de viser un référent : ainsi *liberté* est-il «mentionné» dans «*Liberté* est un nom féminin» et «en usage» dans «Il faut se battre pour la liberté». Cette distinction est souvent brouillée dans la langue ; dans cet échange par exemple :

> MONSIEUR ORGON : C'est donc ce garçon qui vient de sortir qui t'inspire cette extrême antipathie que tu as pour son maître ?
>
> SILVIA : Qui ? le domestique de Dorante ?
>
> MONSIEUR ORGON : Oui, le galant Bourguignon.

---

1. Celle de Sperber et Wilson («Les ironies comme mentions», *Poétique*, 1978, n° 36 ; celle de C. Kerbrat-Orecchioni («L'ironie comme trope», *Poétique*, 1980, n° 41) ; celle d'A. Berrendonner (*Éléments de pragmatique linguistique*, Paris, Éd. de Minuit, 1981) ; celle d'O. Ducrot (*Le dire et le dit*).
2. *Les figures du discours*, Paris, Flammarion, 1968, p. 145.

> SILVIA : Le galant Bourguignon, dont je ne savais pas l'épithète, ne me parle pas de lui.
>
> (Marivaux, *le Jeu de l'amour et du hasard*, II, 11 ; c'est nous qui soulignons)

Dans la dernière réplique de Silvia le groupe nominal «le galant Bourguignon» est pris à la fois en usage et en mention, cité et assumé. On pourrait dire des choses comparables des expressions mises entre guillemets ou en italique, qui sont à la fois inscrites dans le fil de l'énonciation et rejetées, pour une raison ou pour une autre :

> Ces écoliers étudièrent la mise en scène de ce *puff* financier, reconnurent qu'il était préparé depuis onze mois, et proclamèrent Nucingen le plus grand financier européen.
>
> (Balzac, *la Maison Nucingen*)

> Bloch m'interrogeait, comme moi je faisais autrefois en entrant dans le monde, comme il m'arrivait encore de faire, sur les gens que j'y avais connus alors et qui étaient aussi loin, aussi à part de tout, que ces gens de Combray qu'il m'était souvent arrivé de vouloir «situer» exactement.
>
> (Proust, *le Temps retrouvé*, Paris, Gallimard)

On peut parler de *connotation autonymique* pour ce phénomène de cumul entre la mention et l'usage[1].

Dire que l'ironie représente une «mention», cela revient à considérer qu'elle n'est pas, comme le pensait la Rhétorique traditionnelle, une antiphrase, une «figure» par laquelle on dirait le «contraire» du sens littéral, mais la mention du propos d'un sujet qui dirait des choses absurdes. On n'a pas affaire à une «citation» au sens strict : le «locuteur» d'une énonciation ironique met en scène, si l'on peut dire, un personnage qui soutient une position manifestement déplacée et dont il se distancie, par le ton et la mimique en particulier. Il se pose comme une sorte d'imitateur du personnage qu'il ridiculise en le faisant s'exprimer de manière incongrue (par exemple en lançant «Quel charmant accueil !» à un hôte particulièrement désagréable). Comme l'explique Ducrot, «parler de façon ironique, cela revient, pour un locuteur L, à présenter l'énonciation comme exprimant la position d'un énonciateur E, position dont on sait par ailleurs que le locuteur L n'en prend pas la responsabilité et, bien plus, qu'il la tient pour

---

1. Notion empruntée à J. Rey-Debove, *Le métalangage*, Éd. Le Robert, 1978.

absurde. Tout en étant donné comme le responsable de
l'énonciation, L n'est pas assimilé à E, origine du point de vue
exprimé dans l'énonciation (...). D'une part, la position absurde
est directement exprimée (et non pas rapportée) dans l'énonciation
ironique, et en même temps elle n'est pas mise à la charge de L,
puisque celui-ci est responsable des seules paroles, les points de
vue manifestés dans les paroles étant attribués à un autre
personnage, E»[1]. L prend ses distances à l'égard de E,
l'«énonciateur», par divers moyens : intonation, mimique,
formules figées, contraste avec la situation...

Prenons un extrait de *Candide*, de Voltaire, qui évoque la
bataille entre les Bulgares et les Abares :

> Les canons renversèrent d'abord à peu près six mille hommes de
> chaque côté ; ensuite la mousqueterie ôta du meilleur des mondes
> environ neuf à dix mille coquins qui en infectaient la surface.

> (Chapitre III)

La seconde phrase du passage est perçue comme «ironique». Si
l'on adopte la problématique polyphonique on dira que le narrateur
fait entendre dans sa parole le point de vue d'un «énonciateur»
dont il se distancie par le caractère odieux de son propos et qui
trouverait approprié de produire sérieusement un tel énoncé.
L'«énonciateur» ainsi mis en scène est d'ailleurs spécifié, par le
contexte et par le syntagme «le meilleur des mondes», comme un
adepte de la philosophie de Leibniz (telle, du moins, que la
caricature Voltaire). Très habilement, le roman ne polémique pas
contre la théodicée leibnizienne ; il se contente de créer des
situations où les énoncés attribués aux disciples de Leibniz
(«locuteurs» ou «énonciateurs», selon les cas) apparaissent
déplacés, voire monstrueux. L'ironie joue ici un rôle essentiel, car
grâce à elle les propos des optimistes se détruisent dans le
mouvement même où ils s'énoncent. Ce qui ne fait qu'accroître le
crédit du narrateur qui prend ses distances.

On le voit, la conception polyphonique de l'ironie conserve
l'essentiel de celle qui y voit un phénomène de «mention» (à
savoir l'idée que le «locuteur» ne prend pas en charge les propos
ironiques) mais l'assouplit : en un sens l'énonciation ironique y
suppose à la fois l'«usage» et la «mention», qui sont attribués à
des instances distinctes. L'ironie apparaît comme la combinaison

---

1. *Le dire et le dit*, op. cit., p. 211.

paradoxale dans la même énonciation d'une prise en charge et d'un rejet.

Cela suppose qu'il existe des indices permettant de percevoir cette dissociation énonciative. Dans le cas de *Candide* le principal signal était la présence du syntagme «le meilleur des mondes» dans un contexte qui le rendait parfaitement déplacé. Dans la mesure où l'ironie constitue une stratégie de déchiffrement indirect imposée au destinataire, où elle se donne pour une énonciation *ouvertement déguisée*, elle ne saurait s'accommoder de signaux trop évidents qui la feraient basculer dans l'explicite. Cela explique que bien souvent on ne puisse déterminer univoquement si un texte est ironique ou non, les indices d'une distanciation n'étant pas nets.

De ce phénomène on a une illustration fameuse avec le texte de Montesquieu sur l'esclavage des noirs dans *l'Esprit des lois*. Si l'on considère en général qu'il s'agit d'un passage ironique c'est surtout en raison du désaccord que l'on perçoit entre les arguments avancés et ce que l'on sait par ailleurs des positions philosophiques de l'auteur. En conséquence, hors contexte l'ironie s'avère difficilement perceptible :

> Les peuples d'Europe ayant exterminé ceux de l'Amérique, ils ont dû mettre en esclavage ceux de l'Afrique, pour s'en servir à défricher tant de terres.
> Le sucre serait trop cher si l'on ne faisait travailler la plante qui le produit par des esclaves.

(l'Esprit des lois, XV, 5)

Ce froid raisonnement économique semble sans faille ; on comprend que le *Dictionnaire portatif du commerce* (1762) l'ait cité avec le plus grand sérieux[1]. Montesquieu lui-même paraît avoir eu conscience de cette difficulté ; le paragraphe qui suit, franchement odieux, vient dissiper l'équivoque et permet de réinterpréter correctement ceux qui le précèdent :

> Ceux dont il s'agit sont noirs depuis les pieds jusqu'à la tête ; et ils ont le nez si écrasé, qu'il est presque impossible de les plaindre.

Un texte comme *les Provinciales* s'appuie précisément sur le fait que l'ironie, par essence, puisse ne pas être perçue comme

---

1. Sur ce point voir S. Delesalle et L. Valensi, «Le mot "nègre" dans les dictionnaires d'ancien régime» (*Langue française*, n° 15, 1972, p. 103).

d'énonciation même. On sait que les lettres 4 à 10 rapportent une série d'entretiens fictifs (mais donnés pour réels) entre un narrateur homme du monde et un jésuite, adversaire des jansénistes, qui est censé résumer la doctrine des casuistes. Comme ces lettres ont pour destinataire le public mondain les paroles adressées par le narrateur au jésuite visent en fait deux destinataires, placés à des niveaux distincts : l'allocutaire immédiat, le jésuite, et les lecteurs des lettres, dont le narrateur se veut le délégué. En usant de l'ironie le locuteur peut produire des énoncés interprétables sur deux plans à la fois : le père jésuite les interprète comme sérieux, au premier degré en quelque sorte, alors que les lecteurs du pamphlet perçoivent la dissociation entre «locuteur» et «énonciateur».

On en a une claire illustration dans ce fragment où le jésuite vante les bienfaits de la casuistique :

> Écoutez encore ce passage de notre Père Gaspar Hurtado, *De Sub. pecc. diff.* 9, cité par Diana, p. 5, tr. 14, R 99 ; c'est l'un des vingt-quatre Pères d'Escobar : Un bénéficier peut, sans aucun péché mortel, désirer la mort de celui qui a une pension sur son bénéfice ; et un fils celle de son père, et se réjouir quand elle arrive, pourvu que ce ne soit que pour le bien qui lui en revient, et non pas par une haine personnelle.
>
> O mon Père ! lui dis-je, voilà un beau fruit de la direction d'intention !

(Septième Lettre)

Tout lecteur de cet ouvrage interprète spontanément l'exclamation finale du narrateur comme ironique. Ce que l'on sait de son intégrité morale entre en conflit avec l'admiration qu'il affecte devant une décision casuistique si peu digne d'admiration, eu égard aux principes de l'éthique chrétienne. Comme le jésuite n'a accès qu'à l'interprétation non ironique le dialogue peut se poursuivre, mais le public est pris à témoin du caractère scandaleux des propos tenus. Si le narrateur-«locuteur» ne maniait pas l'ironie il devrait assumer ses dires et donc prendre violemment à parti son interlocuteur, mettant ainsi un terme à ces entretiens fictifs. Le recours à l'ironie permet à la fois :
   - de faire parler le jésuite,
   - de marquer une distance à l'égard de la casuistique,
   - de valoriser le narrateur (capable d'user de l'ironie),
   - de dévaloriser le jésuite (trop naïf et/ou trop corrompu pour percevoir la divergence entre «énonciateur» et «locuteur».)

LECTURES CONSEILLÉES

BASIRE B.

1985 - «Ironie et métalangage», *DRLAV*, Université de Paris VII, 32, p.129-150.
(Présentation critique des problématiques récentes de l'ironie.)

DUCROT O.

1984 - *Le dire et le dit*, Éd. de Minuit.
(Le chapitre VIII «Esquisse d'une théorie polyphonique de l'énonciation» développe la problématique polyphonique.)

KERBRAT-ORECCHIONI C. *et al.*

1978 - *L'ironie*, Collection «Linguistique et sémiologie», 2, Presses Universitaires de Lyon.
(Recueil d'articles sur les divers aspects de l'ironie considérée dans une perspective non polyphonique.)

5. Le discours rapporté

La littérature entretient un rapport essentiel avec ce que l'on appelle depuis quelque temps l'«intertextualité». On a ainsi de plus en plus tendance à se démarquer de la conception romantique qui fait de l'œuvre une sorte d'îlot, l'expression absolue d'une conscience, et à envisager les textes littéraires comme le produit d'un travail sur d'autres textes[1]. Une telle problématique excède de beaucoup le strict domaine de la linguistique. Cette dernière, néanmoins, est directement impliquée quand il s'agit de traiter des formes de la citation : toute langue naturelle possède des règles qui lui permettent de citer.

Une telle opération ne consiste pas tant à rapporter un énoncé qu'une *énonciation,* laquelle suppose une situation d'énonciation propre, distincte de celle du discours qui cite. Comment intégrer une énonciation, le **discours cité**, qui dispose de ses propres marques de subjectivité, de ses embrayeurs, dans une seconde, le **discours citant**, attachée à une autre instance énonciative ? Les trois processus repérés et décrits par les grammairiens (discours direct, indirect, indirect libre) se distinguent précisément par les réponses divergentes qu'ils apportent à cette question. A cela s'ajoutent les problèmes soulevés par la narration : les propos ne sont pas seulement cités, ils prennent place dans un récit.

Discours direct et indirect

Une conception erronée, entretenue par les exercices scolaires, veut que le discours indirect soit le résultat d'une transformation du discours direct, lequel serait en quelque sorte l'«original» des

---

1. Sur ce thème voir en particulier les travaux de G. Genette (*Introduction à l'architexte,* Paris, Le Seuil, 1979 ; *Palimpsestes,* Paris, Le Seuil, 1982).

propos rapportés. Ainsi *Paul a dit que Jean viendrait* serait la contrepartie exacte de *Paul a dit : «Jean viendra»* . En fait, il s'agit de *deux formes indépendantes* de discours rapporté et il n'est pas difficile de mettre en évidence un grand nombre de phénomènes qui interdisent de passer du discours direct au discours indirect (I), ou de remonter du discours indirect à un énoncé au discours direct (II). En voici deux preuves :

- (I) : Il est impossible de mettre au discours indirect nombre d'éléments qui figurent au discours direct : onomatopées, interjections, vocatifs, exclamations, énoncés inachevés, en langue étrangère, etc.

> * Il m'a dit que brrrr
> * Il m'a dit que quel homme !
> * Il m'a dit que Jean est le plus...

Ces impossibilités découlent des propriétés de chacune de ces deux stratégies de citations, discours direct et discours indirect, dont la première seulement restitue le discours cité sous sa double face de signifiant et de signifié.

- (II) : Soit cette réplique de l'Arlequin du *Jeu de l'amour et du hasard* :

> Un domestique là-bas m'a dit d'entrer ici, et qu'on allait avertir *mon beau-père* qui était avec *ma femme*

(I, VIII)

L'interprétation des deux syntagmes nominaux soulignés pose problème si l'on veut restituer derrière le discours indirect l'énonciation exacte du domestique. Ce dernier a-t-il dit «votre beau-père» et «votre femme» (interprétation *de dicto*) ou a-t-il employé d'autres expressions de même référent qu'Arlequin aurait traduites par «mon beau-père» et «ma femme» (interprétation *de re*) ? L'impolitesse d'Arlequin (qui fait sa femme de celle qui n'est qu'une fiancée) répète-t-elle celle du domestique ou lui est-elle entièrement imputable ? On est confronté ici à une donnée sémantique irréductible : le même référent peut être décrit d'une infinité de manières différentes (*mon beau-père = Monsieur Orgon = le père de Silvia = l'ami de mon père*, etc.) et le discours indirect ne permet pas de trancher. Dans ces conditions, il est exclu de pouvoir remonter à l'énoncé originel.

Le discours direct

On dit souvent que le discours direct est la reproduction
«fidèle» du discours cité, le locuteur constituant ainsi une sorte de
magnétophone idéal. En réalité, le propre du discours direct, c'est
qu'un même «sujet parlant» se présente comme le «locuteur» de
son énonciation (*X a dit* : «...») et délègue la responsabilité du
propos rapporté à un second «locuteur», celui du discours direct.
Cette prise de distance est une mise en scène à l'intérieur de la
parole, une manière de présenter une citation, mais en aucune
façon une garantie d'objectivité. Ici le discours rapporté n'a
d'existence qu'à travers le discours citant, qui construit comme il
l'entend un simulacre de la situation d'énonciation citée. On peut
par une mise en contexte particulière, l'intonation, le découpage...
détourner complètement le sens d'un texte qui, du point de vue de
la littéralité, ne s'écarte pas de l'original. *Les Provinciales* de
Pascal en sont une parfaite illustration.

La citation au discours direct suppose la répétition du *signifiant*
du discours cité et par conséquent la dissociation entre les deux
situations d'énonciation, citante et citée. Elle fait coexister deux
systèmes énonciatifs autonomes : chacun conserve son JE, son TU,
ses repérages déictiques, ses marques de subjectivité propres, les
guillemets ou le tiret jouant à l'écrit le rôle de frontière entre les
deux régimes énonciatifs. On notera cependant que les embrayeurs
ne sont pas nécessairement distincts, mais il s'agit alors de
coïncidence entre des références parallèles. Ainsi, dans

«Je pars», lui criai-je

les deux *je* désignent la même personne, mais c'est seulement
parce qu'il se trouve que discours citant et cité ont pour
«locuteurs» le même individu.

Alors que les embrayeurs du discours citant sont, par
définition, directement interprétables dans la situation
d'énonciation, ceux du discours cité ne peuvent l'être qu'à partir
des indications fournies par ce discours citant, lesquelles peuvent
fort bien être lacunaires. Soit ce passage extrait du *Docteur Pascal* ,
de Zola :

«Tenez ! *mon* neveu, *vous* voyez trois arbres devant *nous*. Eh
bien, au-dessus de *celui de gauche*, il y a une fontaine, dans une
cour. Suivez le rez-de-chaussée, la cinquième fenêtre *à droite* est
celle de Tante Dide. Et c'est là qu'est le petit... Oui, *je* l'y ai
mené *tout à l'heure*.»

(Chapitre III, souligné par nous)

En l'absence de renseignements complémentaires, cet énoncé au discours direct possède des embrayeurs qui sont opaques. C'est uniquement le discours citant du narrateur qui nous permet d'identifier personnes, lieux, moments.

Mais le référent des embrayeurs n'est pas le seul aspect du discours cité qui doive être restitué par le truchement du discours citant : le débit, l'intonation, l'accent, la mimique… sont soumis à la même contrainte. Pour ce fragment de Zola le texte ne donne pas d'informations de cette nature ; en revanche, le même personnage, quelques lignes plus haut, voit ses propos associés à «il dit *avec son rire mauvais.*» Il se pose d'ailleurs un problème comparable au théâtre : en règle générale, les répliques ne sont pas accompagnées de précisions sur la manière dont il convient de les prononcer. Une grande liberté est ainsi laissée aux interprètes, qui doivent seulement se conformer au contexte. Mais il arrive que l'auteur donne des indications plus fournies. On trouve par exemple dans le *Port-Royal* de Montherlant :

> Elle dit cela avec effort, d'un air si étrange — mécanique — et paraissant si absente de ce qu'elle dit, que la sœur Françoise en est interdite.

Le dialogue théâtral est cependant d'une tout autre nature que le discours direct de la narration romanesque. Il ne constitue pas du discours rapporté mais se donne comme une énonciation effective. Le discours cité dans un roman, par contre, n'est qu'une facette de la narration ; loin de se suffire à lui-même, il doit être appréhendé par rapport à un récit qui comporte bien d'autres dimensions.

On doit même se demander si la notion de discours «rapporté» est bien pertinente dans le cas d'une fiction romanesque. Au fond, il n'y a discours «rapporté» dans ce cas que si l'on accepte le cadre instauré par l'illusion narrative. La narration ne rapporte pas des propos antérieurs qu'elle altérerait plus ou moins, elle les crée de toutes pièces, au même titre que ceux du discours citant. Dans ces conditions, la «fidélité» du discours direct apparaît comme pure convention littéraire : on ne voit pas comment les énoncés au discours direct pourraient être infidèles puisqu'ils ont le même degré de réalité que le discours citant. Sur ce plan, les contraintes de la fiction ne sont pas celles de la langue ordinaire. Ainsi, quand on lit dans *Les Thibault* de Roger Martin du Gard :

> «Après trois ans, j'ai encore son accent, ses mots dans l'oreille.
> Il s'était mis à parler d'une voix sourde : "Tenez. La vérité, la
> voilà…"»

(La Sorellina)

on a là un jeu avec la convention romanesque : en principe, le
personnage n'a nul besoin de préciser que sa citation est exacte ;
elle ne l'est ni plus ni moins que les propos au discours direct de
ce même personnage. En fait, la remarque sur la fidélité de sa
citation n'est destinée qu'à indiquer que le rapporteur a été très
marqué par ce qu'il a entendu. On se trouverait dans une situation
semblable si le rapporteur insistait sur l'inexactitude de sa citation
(«Il a dit en substance…», «ce qu'il a dit revenait à peu près à
ceci : …», etc.). Ici encore l'infidélité de la citation serait destinée
à signifier autre chose et à renforcer l'illusion réaliste.

Le discours indirect

La stratégie du discours indirect est tout à fait différente. Alors
que le discours direct est censé répéter les mots d'un autre acte
d'énonciation et dissocie deux systèmes énonciatifs, le discours
indirect n'est discours rapporté que par son sens, il constitue une
traduction de l'énonciation citée. D'un point de vue syntaxique,
rien ne permet en effet de distinguer *Paul dit que Jean dort* de
Paul voit que Jean dort : dans un cas comme dans l'autre il s'agit
de complétives objet direct et c'est le sens du verbe *dire* qui permet
de repérer la citation. Comme le discours indirect ne reproduit pas
un signifiant mais donne un équivalent sémantique intégré à
l'énonciation citante, il n'implique qu'un seul «locuteur», lequel
prend en charge l'ensemble de l'énonciation.

Dès lors, il n'y a plus qu'*une seule situation d'énonciation*,
celle du discours citant. Le discours cité n'a plus aucune
autonomie. On assiste à la disparition des exclamations, des
interrogations, des impératives… du discours cité. On sait que
toute énonciation est affectée d'une modalité globale (toute phrase
est soit interrogative, soit assertive, soit exclamative, soit
impérative) qui définit une certaine relation entre les interlocuteurs.
Dans la mesure où la citation au discours indirect n'a plus
d'autonomie énonciative, elle perd cette modalité pour se fondre
dans celle du discours citant. C'est la conséquence la plus visible
de la traduction d'un *acte d'énonciation* en *contenu*. «Viens-tu ?»

deviendra par exemple : «Il lui a demandé s'il voulait venir», qui constitue une assertion.

Plus largement, ce sont tous les niveaux de la subjectivité énonciative qui sont affectés par cette perte d'autonomie. Les personnes comme les déictiques sont placés sous la dépendance du discours citant. Ce qui pose le problème de l'intégration d'une situation d'énonciation dans une autre. En ce qui concerne les personnes, il existe des règles simples de traduction des formes du discours cité en formes dépendantes du discours citant :

(1) Si le discours cité comporte un *je* ou un *tu* qui ne se retrouvent pas parmi les personnes du discours citant, alors elles sont converties en «non-personnes».

(2) Quelle que soit la forme utilisée par le discours cité (*je*, *tu*, *non-personne*), si celle-ci dispose d'un correspondant dans le discours citant elle aura le statut qu'elle occupe dans ce dernier.

Cela explique que «Je t'aime» puisse être traduit en «*Il a déclaré qu'il m'*aimait» ; dans ce cas le *je* du discours cité passe à la «non-personne» (règle 1) et le *tu* au *je* (règle 2), puisque le *tu* est devenu l'énonciateur du discours citant.

En matière de déictiques on trouve le même principe de conversion : les déictiques qui figurent dans une citation au discours indirect sont nécessairement repérés par rapport au discours citant. Ainsi, dans l'énoncé *Paul m'a affirmé que Luc était ici et partirait demain* les déictiques *ici* et *demain* peuvent ou non avoir été proférés par Paul, mais une chose est sûre : ils ne sont employés dans cet énoncé que parce qu'ils désignent le lieu d'énonciation du discours citant (*ici*) et le jour postérieur à cette énonciation (*demain*).

Nous n'avons rien dit des formes en -*ait* (*était*, *partirait*), que l'on explique par la «concordance des temps». Cette transformation des déictiques du discours cité est une des conséquences de la dépendance énonciative du discours cité. Ces formes en -*ait* n'ont en effet pas de valeur temporelle déictique ; on ne les interprète pas en les opposant au «présent» ou au «futur» mais à l'intérieur de leur lien avec le verbe qui régit la complétive, par rapport à la situation d'énonciation en tant qu'elle est rapportée.

Les caractères du discours indirect amènent constamment à s'interroger sur la possibilité de parler *sur* l'énonciation d'autrui pour en donner un équivalent. Certes, l'énonciateur du discours indirect n'est pas censé restituer autre chose que le signifié de ce qu'il cite, mais rien ne l'empêche, et c'est le cas bien souvent, d'utiliser les expressions mêmes du discours cité. Or, en l'absence de marques de distanciation explicite, on ne sait s'il faut attribuer au rapporteur ou au locuteur originel les traces de subjectivité et les mots employés. Il peut se faire que le destinataire identifie tel ou tel élément comme appartenant aux propos du locuteur cité (parce qu'il perçoit un décalage avec le discours citant, parce qu'il connaît le rapporteur ou celui qui est cité) mais c'est là un processus très aléatoire, qui fait intervenir un ensemble hétérogène de connaissances extralinguistiques. Considérons par exemple cette phrase de Proust :

> Donc à Balbec, et sans me dire qu'il [= Morel] avait à lui parler d'une «affaire», il m'avait demandé de le présenter à ce même Bloch...

> (*La Prisonnière*, Paris, Flammarion, 1984, p. 145)

le mot «affaire» inséré dans le discours indirect est mis entre guillemets pour être attribué à Morel, et non au rapporteur. Cela s'explique par le fait que dans les lignes précédentes l'auteur nous a montré Morel fasciné par la formule «un rendez-vous pour affaires». En revanche, à la page suivante, on trouve :

> M. de Charlus... déclarait, sans en penser un seul mot, et pour les taquiner, qu'une fois mariés, il ne les reverrait plus et les laisserait voler de leurs propres ailes.

Il est impossible de savoir si les termes employés au discours indirect sont ceux de Charlus ou ceux du narrateur. Ce dernier ne donne pas d'indications à ce sujet parce qu'ici une telle précision serait inutile. Il en irait autrement si par exemple «voler de ses propres ailes» constituait un tic de langage chez le Baron ou si cette expression suscitait une réaction chez son interlocuteur.

L'introduction du discours rapporté

Pour être perçus comme tels les énoncés de discours rapporté doivent être introduits de manière que l'on repère un décalage entre discours citant et fragment cité. Sur ce point aussi il existe une divergence significative entre les deux stratégies.

Le discours indirect est beaucoup plus contraint, puisqu'il exige un verbe de locution régissant une complétive objet. Or ce verbe dont le sens marque la complétive comme discours rapporté possède une double fonction :

- Il indique qu'il y a énonciation et, en tant que tel, contient en quelque sorte un verbe «dire».

- Il spécifie sémantiquement cette énonciation sur différents registres. *Répondre*, par exemple, la situe par rapport à une parole antérieure, tandis que *murmurer* donne une information sur le niveau sonore.

Plus exactement, il faut distinguer deux classes parmi les informations véhiculées par ces verbes de locution : d'une part, celles qui ont valeur descriptive (*répéter, annoncer...*), d'autre part celles qui impliquent un jugement de valeur de l'énonciateur quant au caractère bon/mauvais ou vrai/faux de l'énoncé cité (*reprocher, prétendre...*). C. Kerbrat-Orecchioni propose à ce sujet le tableau suivant [1] :

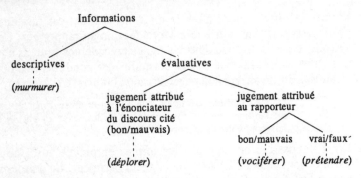

Ainsi, dans *Paul a déploré que je sois en retard* c'est l'énonciateur du discours cité, Paul, qui évalue négativement la complétive qui suit. En revanche, dans *Paul a reconnu que Jean avait payé*, c'est le rapporteur qui présuppose la vérité de la proposition citée. Encore ne faut-il pas être dupe de cette distinction : en dernière instance, c'est le rapporteur qui traduit les propos cités comme une «déploration». Le seul verbe réellement neutre serait *dire*.

1. *L'énonciation de la subjectivité dans le langage*, Paris, A. Colin, 1980, p. 115.

Le choix du verbe introducteur du discours indirect a donc des conséquences importantes sur la manière dont le lecteur interprétera la citation ; ce verbe oriente d'autant plus efficacement que son action passe inaperçue. Lorsque Pascal écrit dans *les Provinciales* :

> Vous *ajoutez* ensuite que Tannerus *déclare* que c'est une simonie de droit positif...

> (Éd. Garnier, p. 227. C'est nous qui soulignons)

il utilise deux verbes sans portée évaluative. Mais quand il fait dire au Jésuite :

> Tannerus dit la même chose... quoiqu'il avoue que saint Thomas y est contraire.

> (p. 205)

le fait d'employer *avouer* contraint subrepticement l'interprétation. Ce verbe présuppose en effet que la proposition qui suit est vraie : c'est donc le casuiste Tannerus lui-même qui reconnaît que sa décision est contraire à la doctrine de saint Thomas et, au-delà, à celle de l'Église. Si l'on précise qu'*avouer* véhicule également une évaluation négative sur l'axe bon/mauvais (on n'«avoue» que des fautes), on comprend à quel point le choix du verbe introducteur est lourd de sens.

La plupart des verbes introducteurs de discours indirect peuvent être utilisés pour le discours direct. En revanche, bon nombre de verbes susceptibles de marquer la présence de discours direct ne pourraient servir pour le discours indirect : *s'obstiner, éclater, faire, poursuivre*, etc. Il ne s'agit pas de verbes de locution, mais de verbes «détournés», dans un contexte approprié, vers une interprétation en termes de locution. Une telle dissymétrie s'explique aisément : ce qui permet d'identifier le discours direct, ce n'est pas tant le verbe que la rupture entre deux situations d'énonciation (pause, changement d'intonation, procédés typographiques divers). Certes, la présence d'un verbe de locution renforce efficacement cette coupure, mais elle n'est pas indispensable, le contexte pouvant suffire à marquer le changement d'espace énonciatif. Aussi, à côté de passages comme :

> Elle *balbutiait* :
> — Oh ! vous me faites peur ! vous me faites mal ! Partons.
> — Puisqu'il le faut, *reprit-il* en changeant de visage.

> (Flaubert, *Madame Bovary*, II, IX. C'est nous qui soulignons)

trouve-t-on des citations au discours direct où les répliques sont seulement juxtaposées. C'est alors la typographie et le contexte qui permettent l'identification :

Cependant M. Rambaud (...) s'aperçut du malaise de Jeanne.

> «Est-ce que tu n'es pas bien, ma chérie ? demanda-t-il à mi-voix ?
> — Oh ! non, j'ai trop de mal... Remonte-moi, je t'en supplie.
> — Mais il faut prévenir ta mère.
> — Non, non, maman est occupée, elle n'a pas le temps... Remonte-moi, remonte-moi.»

(Zola, Une page d'amour, V, chapitre I)

Ici l'ensemble de l'échange est traité comme une seule énonciation, entre guillemets, et seule la première intervention est associée à un verbe de locution, en incise. La possibilité même de placer en incise ces verbes de discours direct est significative : le propre de l'incise, c'est justement d'être extérieure à la structure syntaxique de la phrase.

Dans la littérature narrative moderne beaucoup d'écrivains se dispensent même des incises et assouplissent la frontière entre discours citant et discours cité au point de rendre difficile la perception du décalage entre les deux registres. Il faut alors que le lecteur recoure au contexte pour identifier les diverses sources énonciatives. Considérons cet extrait de Céline, qui, en la matière, n'est pas des plus extrémistes :

(L'auteur évoque les persécutions dont il imagine qu'il sera l'objet en tant que «collaborateur» :)

> Ils m'écrouent, je stagne, purule, pèle... Ils m'extirpent, renfournent ! ...au trou ! chtir ! J'entends les échos du Palais... «La Cour Solenelle Réunie...» C'est du Bibici plus garce ! «Saisi de plus que tout» le cochon ! pour ordure nationale ! Sa médaille militaire aux Puces ! Qu'on lui rerouvre toutes ses blessures ! Ah, mutilé ! ah ! 75 ! ah, pour 100 ! Roulez tambours !... Qu'on le relacère, récorche vif ! larde ! piments ! Yo ! Yo ! Yo ! Yes ! dix mille pour cent !
> Ça vous paraît pas pensif ? Je vous rénumère... Ils me laissent pas un réchaud à gaz ! où j'irai faire bouillir mes seringues ? je pense à ma pratique...
> — Et votre diplôme ?
> Ils me l'ont laissé les scélérats ! Ils me l'ôtaient je vous parlerais plus...

(Féérie pour une autre fois, Paris, Gallimard, Folio, p. 44)

Les guillemets ne sont pas utilisés pour indiquer le passage au
discours direct mais, à l'intérieur du discours direct, les fragments
censés relever du langage juridique. Le lecteur doit être
particulièrement attentif pour comprendre qu'«et votre diplôme»
est attribué à un locuteur qui interpelle le narrateur, et non aux
juges. Il ne s'agit plus ici d'une véritable histoire comportant des
fragments de discours rapporté mais d'une sorte de rumination
intérieure du narrateur, dans la conscience duquel se mêlent
plusieurs voix.

Le discours indirect libre

A côté du couple que forment discours direct et indirect il existe
une forme de citation plus complexe, mais plus souple, qui de
prime abord apparaît comme une tentative pour cumuler les
avantages des deux autres stratégies : *le discours indirect libre*.

Depuis qu'il a été repéré et décrit il n'a cessé de fasciner les
linguistes[1]. On s'est en particulier interrogé sur la date exacte de
son apparition : est-ce dans la littérature médiévale ou seulement
au XVIIᵉ siècle ? On a également beaucoup discuté pour savoir s'il
s'agissait d'un type d'énonciation réservé à la narration littéraire
ou si on le rencontrait aussi dans l'usage ordinaire de la langue. Il
nous semble indéniable qu'il relève de la langue courante (cf. «Je
l'ai aperçu hier, il était furieux après Paul : il allait lui casser la
figure, reprendre sa voiture et tout annuler…»), mais c'est dans la
littérature romanesque qu'il est employé au maximum de ses
possibilités, essentiellement depuis le milieu du XIXᵉ siècle.

Le discours indirect libre a représenté longtemps un défi pour
l'analyse grammaticale. On y trouve en effet mêlés des éléments
qu'on considère en général comme disjoints : la dissociation des
deux actes d'énonciation, caractéristique du discours direct, et la
perte d'autonomie des embrayeurs du discours cité, caractéristique
du discours indirect. Considérons ce passage de Zola, où Rosalie,
la bonne, s'adresse à sa maîtresse :

---

1. Pour un survol de cette histoire voir «Le style indirect libre et la modernité»,
par B. Cerquiglini, in *Langages* n° 73, 1984, p. 7 à 17. Parmi les contributions
récentes à cette problématique citons celles de J. Authier («Les formes du
discours rapporté. Remarques syntaxiques et sémantiques à partir des traitements
proposés», *DRLAV* n° 17, 1978, p. 1-87) et de M. Plénat («Sur la grammaire du
style indirect libre», *Cahiers de grammaire*, Université de Toulouse, 1, 1979).

> Cependant, Rosalie s'entêtait. Quand elle croyait avoir une bonne idée, elle ne la lâchait point aisément. *Madame avait tort de croire que l'ombre faisait du mal. C'était plutôt que madame craignait de déranger le monde ; mais elle se trompait, mademoiselle ne dérangerait pour sûr personne, car il n'y avait jamais âme qui vive, le monsieur n'y paraissait plus, la dame devait rester aux bains de mer jusqu'au milieu de septembre ; cela était si vrai, que la concierge avait demandé à Zéphyrin de donner un coup de râteau et que, depuis deux dimanches, Zéphyrin et elle y passaient l'après-midi. Oh ! c'était joli, c'était joli à ne pas croire !*

> *(Une page d'amour*, III, IV)

Ce que nous avons placé ici en italique relève du discours indirect libre. Sur quels critères peut-on s'appuyer pour l'affirmer ? En premier lieu on opère de manière en quelque sorte négative : alors qu'on a affaire à du discours rapporté, on décèle la présence d'éléments incompatibles avec le discours indirect ou le discours direct. Le discours indirect exigerait la subordination et exclucrait les exclamatives ; le discours direct serait énoncé avec *je, vous* et le présent déictique... On conçoit l'embarras des grammairiens devant une forme de citation qu'on ne peut attribuer ni au seul narrateur ni au seul personnage auteur des propos rapportés.

Même si, dans une première approche, il peut s'avérer utile de caractériser négativement le discours indirect libre il vaut mieux y voir un mode d'énonciation original, qui s'appuie crucialement sur la *polyphonie*. Dans le prolongement des perspectives de M. Bakhtine[1] on a peu à peu réalisé que dans ce type de citation on n'était pas confronté à une véritable énonciation mais qu'on entendait deux «voix» inextricablement mêlées, celle du narrateur et celle du personnage. Si l'on adopte les termes de Ducrot (*supra*, chap. 4) on dira qu'on perçoit deux «énonciateurs», mis en scène dans la parole du narrateur, lequel s'identifie à l'une de ces deux «voix». Ce ne sont pas deux véritables locuteurs, qui prendraient en charge des énonciations, des paroles, mais deux «voix», deux «points de vue» auxquels on ne peut attribuer aucun fragment délimité du discours rapporté. Le lecteur ne repère cette dualité que *par la discordance* qu'il perçoit entre les deux «voix», discordance qui lui interdit de tout rapporter à une seule instance énonciative.

---

1. V.N. Volochinov (M. Bakhtine) : *Marxisme et philosophie du langage*, 1929, tr. fr. : Paris, Éd. de Minuit, 1977.

Ainsi, dans ces lignes de l'*Éducation sentimentale*, c'est la distanciation légèrement moqueuse entre le narrateur et son personnage qui indique la présence d'un fragment de discours indirect libre :

> Une faculté extraordinaire, dont il ne savait pas l'objet, lui était venue. Il se demanda, sérieusement, s'il serait un grand peintre ou un grand poète ; — et il se décida pour la peinture, car les exigences de ce métier le rapprocheraient de Mme Arnoux. Il avait donc trouvé sa vocation ! Le but de son existence était clair maintenant, et l'avenir infaillible.

(I, IV)

On est en droit de déceler ici une discordance parce que les pages antérieures du roman nous ont accoutumés à la figure d'un narrateur distancié, «neutre», incapable d'être aussi ingénu et dogmatique que Frédéric Moreau. Mais dans d'autres textes la discordance pourra tout aussi bien être perceptible grâce à la présence de mots, de tournures syntaxiques qui ne sont pas censés appartenir au registre du narrateur.

Les frontières du discours indirect libre

Le discours indirect libre ne possède pas de mode d'introduction spécifique (rupture ou subordination). En la matière n'importe quoi peut convenir ; il suffit que le lecteur puisse remarquer l'apparition d'une discordance énonciative. Le plus souvent il existe néanmoins des signaux ; ainsi dans les propos de Rosalie trouve-t-on au début «Rosalie s'entêtait». Ce verbe n'est d'ailleurs pas un verbe de locution.

De toute façon, par nature le discours indirect libre est difficilement compatible avec des modes d'introduction nettement marqués. Son intérêt, c'est précisément de pouvoir atténuer la dénivellation entre discours citant et cité sans pour autant annuler l'autonomie du discours cité. Les paroles ou les sentiments des personnages sont évoqués directement, mais ils ne rompent pas la trame narrative. Dans cet extrait de *Madame Bovary* :

> Il s'en revinrent à Yonville, par le même chemin (...) Rodolphe, de temps à autre, se penchait et lui prenait la main pour la baiser.
> Elle était charmante à cheval !

(II, IX)

c'est le point d'exclamation et l'adjectif subjectif *charmant* qui permettent d'interpréter la dernière phrase comme la représentation au discours indirect libre des sentiments de Rodolphe. Il n'y a pas de solution de continuité entre la description des personnages par le narrateur et l'évocation des pensées de l'amant d'Emma.

Cette propriété du discours indirect libre est liée à une autre : *il n'existe pas de marques linguistiques spécifiques pour cette forme de citation*. Autrement dit, on ne peut pas affirmer d'un énoncé, hors contexte, qu'il relève du discours indirect libre. On peut seulement dire qu'on trouve des énoncés interprétables comme tels dans un contexte approprié. La première phrase de Rosalie, par exemple («Madame avait tort de croire que l'ombre faisait du mal»), pourrait fort bien ne pas constituer du discours rapporté mais être un énoncé au passé où la bonne raconterait ses souvenirs.

Enfin, le discours indirect libre n'est pas un phénomène relevant de la syntaxe de la phrase mais porte sur un ensemble textuel de dimensions extrêmement variables. Le lecteur est donc amené à opérer des découpages d'unités transphrastiques, c'est-à-dire dépassant les frontières de la phrase, mais associés dans une seule et même unité énonciative.

Tout cela n'est pas sans avoir une incidence sur la délimitation du discours indirect libre. Bien souvent il échappe à une identification univoque, si bien qu'on n'est pas assuré de l'endroit exact où il surgit et du moment précis où il disparaît. On le voit bien dans cette évocation des sentiments d'Emma :

> Alors elle se rappela les héroïnes des livres qu'elle avait lus, et la légion lyrique de ces femmes adultères se mit à chanter dans sa mémoire avec des voix de sœurs qui la charmaient. Elle devenait elle-même comme une partie véritable de ces imaginations et réalisait la longue rêverie de sa jeunesse, en se considérant dans ce type d'amoureuse qu'elle avait tant envié. D'ailleurs Emma éprouvait une satisfaction de vengeance. N'avait-elle pas assez souffert ! Mais elle triomphait maintenant, et l'amour, si longtemps contenu, jaillissait tout entier avec des bouillonnements joyeux. Elle le savourait sans remords, sans inquiétude, sans trouble.

> (*Madame Bovary*, II, IX)

Si l'on excepte l'énoncé exclamatif, seul fragment qui appartient indubitablement au discours indirect libre, la voix de l'héroïne et celle du narrateur sont si mêlées qu'on est bien incapable d'aboutir à un diagnostic assuré.

Le fait que le discours indirect libre n'ait pas de marques propres n'implique cependant pas que son énonciation ne soit soumise à aucune contrainte. En sont exclus les éléments qui le rendraient indiscernable du discours direct ou du discours indirect : la subordination par un verbe de locution, d'une part, la présence du couple d'embrayeurs *je-tu*, d'autre part. On peut trouver des *je* ou des *tu* (il suffit pour cela que ce *je* ou ce *tu* coïncident avec le locuteur ou l'allocutaire du discours citant), mais en aucun cas une paire d'interlocuteurs. Dans ces lignes de F. Mauriac :

> Il protesta avec une soudaine fermeté et plaida contre lui-même. Je ne pouvais, disait-il, mesurer l'étendue de sa faute.

> (cité dans le *Grand Larousse de la Langue Française*, p. 1349)

le «je» n'est pas le personnage dont on rapporte les propos au discours indirect libre mais l'auteur du discours citant, qui n'a pas ici le statut d'une personne de dialogue.

A part ces contraintes minimales, le discours indirect libre présente des visages très divers, oscillant entre ces deux pôles extrêmes que sont, d'un côté, le discours dépourvu des marques de subjectivité du locuteur cité, de l'autre, un discours proche du discours direct,où la voix du personnage domine largement celle du narrateur. On peut saisir ce contraste sur deux citations d'un même auteur, où le discours indirect libre est en italique :

> On entendait Mes-Bottes traiter le père Colombe de fripouille, en l'accusant de n'avoir rempli son verre qu'à moitié. *Lui, était un bon, un chouette, un d'attaque. Ah ! zut ! le singe pouvait se fouiller, il ne retournerait pas à la boîte, il avait la flemme.*

> (Zola, *l'Assommoir*, chapitre II)

> Ensuite, il se fâcha, força le docteur à accepter un verre de quelque chose. *La demoiselle ne lui ferait pas l'affront de refuser du sirop.* Il porta une table dehors, il fallut absolument trinquer avec lui.

> (*Le Docteur Pascal*, chapitre II)

Dans le dernier texte il suffirait d'ajouter un verbe de locution introducteur pour passer au discours indirect. C'est manifestement exclu dans le premier.

Fonctions du discours indirect libre

Comme on l'a vu, le discours indirect libre permet à la fois de restituer la subjectivité langagière et d'intégrer les paroles citées dans le fil de la narration. Une telle caractérisation, si elle est suffisante pour rendre compte de la production littéraire commune, s'avère trop pauvre quand on aborde des textes qui font du discours indirect libre un maillon essentiel de leur dispositif stylistique. Nous allons pouvoir en juger sur deux romans «naturalistes», *l'Assommoir* et *Madame Bovary*.

Les critiques ont constamment souligné l'importance du discours indirect libre dans cette œuvre de Flaubert. On peut, bien sûr, l'expliquer par l'abondance des descriptions des sentiments de l'héroïne. «Il faut, par un effort d'esprit, se transporter dans les personnages et non les attirer à soi», écrivait Flaubert à G. Sand[1] ; le discours indirect libre est une solution apportée à ce problème de technique narrative : le romancier peut conserver la maîtrise du récit tout en «se transportant» dans le personnage.

A cette explication on peut toutefois en ajouter une autre, liée à l'univers flaubertien. Le recours systématique au discours indirect libre permet de mettre à l'imparfait et à la non-personne aussi bien les descriptions du monde extérieur que celles des pensées des personnages. Ils sont pris en quelque sorte dans la même pâte. Or l'imparfait, on s'en souvient, dans une narration prend en charge la dimension non-dynamique. Tout cela contribue à induire cette «vision du monde» si particulière, où la conscience s'englue dans les choses et le temps se dissout dans la description ou la répétition. En effet, l'imparfait et la non-personne sont employés pour le discours rapporté, l'évocation des faits habituels et la description du monde ; par ailleurs, au discours indirect libre le passé, le présent et le futur sont tous traduits par des formes en *-ait*. Si l'on ajoute que dans ce roman il y a moins d'événements qui font progresser l'action que de répétitions, on comprendra à quel point l'usage du discours indirect libre s'intègre bien à la visée de l'écriture de Flaubert qui, ici, est hanté par l'utopie d'un univers de part en part homogène.

1. Lettre du 15 décembre 1866.

On songe alors au célèbre article de Proust sur le style de Flaubert, où l'auteur de *la Recherche* évoque «ce grand Trottoir Roulant que sont les pages de Flaubert, au défilement continu, monotone, morne, indéfini». Impression dont Proust voit précisément la source dans «cet éternel imparfait, composé en partie des paroles des personnages»[1].

Dans l'*Assommoir* le recours au discours indirect libre permet de résoudre une difficulté suscitée par la revendication naturaliste. Le romancier s'y trouve pris entre deux exigences de prime abord contradictoires. D'un côté, il cherche à restituer la «réalité» sociale, de l'autre, il entend élaborer un récit efficace et dont la valeur esthétique soit indiscutable. La première exigence l'incite à reproduire avec la plus grande fidélité le langage des ouvriers parisiens du Second Empire, mais la seconde le porte au contraire à ignorer ce même langage (parce qu'il est obscur pour le public, et parce qu'il ressortit à la langue parlée, avec tout ce que cela implique de redites, d'inachèvement, de maladresses syntaxiques, de mimiques…).

Dans sa préface au roman Zola présente son œuvre comme le produit d'un compromis entre ces deux exigences contradictoires, comme une tentative pour «ramasser et couler dans un moule très travaillé la langue du peuple». S'il a pu y parvenir, c'est précisément en grande partie grâce aux possibilités que lui offre le discours indirect libre, qui lui permet de faire entendre deux «énonciateurs» dans les propos «populaires» : la voix du narrateur, qui maîtrise la citation, et le «peuple», qui vient inscrire un certain nombre d'effets dans l'écriture romanesque, faire miroiter une altérité langagière dans l'institution narrative :

> Celui-ci paya sa tournée. Mais quand vint le tour de Bibi-la Grillade, il se pencha à l'oreille du patron, qui refusa d'un lent signe de tête. Mes-Bottes comprit et se remit à invectiver cet entortillé de père Colombe. Comment ! une bride de son espèce se permettait de mauvaises manières à l'égard de ses camarades ! Tous les marchands de coco faisaient l'œil ! Il fallait venir dans les mines à poivre pour être insulté ! Le patron restait calme, se balançait sur ses gros poings, au bord du comptoir…
>
> (*L'Assommoir*, chapitre VIII)

---

1. «A propos du style de Flaubert» in *Chroniques* (1928) ; article repris dans *Flaubert*, textes recueillis et présentés par R. Debray-Genette, Didier et Firmin-Didot éd., 1970, p. 47.

Le narrateur-témoin

En fait, la technique de Zola est plus complexe. Elle ne suppose pas seulement *deux* mais *trois* plans énonciatifs. Outre la narration distanciée et le discours populaire, qui se mêlent dans le discours indirect libre, on voit souvent apparaître une autre instance de narration, en quelque sorte intermédiaire.

Dans cette phrase de *Nana* :

> Tout en parlant, il guettait le banquier par-dessus les épaules de Blanche, pour voir si *ça se faisait* avec Nana.

(Chapitre IV)

l'expression que nous avons soulignée se trouve incluse dans le «récit» du narrateur, bien qu'elle relève à l'évidence du vocabulaire du personnage. Il en va de même pour «Mes-Bottes... se remit à invectiver *cet entortillé* de père Colombe» dans l'exemple précédent. On pourrait parler dans ce cas de **contamination lexicale** du narrateur.

Si l'on pousse ce phénomène plus avant, c'est l'ensemble de l'énonciation qui est ainsi «contaminée» et on est alors amené à supposer la présence d'une sorte de personnage implicite, qui à la fois serait partie prenante dans l'histoire mais resterait à sa périphérie, un narrateur-témoin fantômatique. On décèle son existence dans ce fragment de *l'Assommoir*, par exemple :

> Cette année-là, décembre et janvier furent particulièrement durs. Il gelait à pierre fendre. Après le jour de l'an, la neige resta trois semaines dans la rue sans se fondre. Ça n'empêchait pas le travail, au contraire, car l'hiver est la belle saison des repasseuses. Il faisait joliment bon dans la boutique ! On n'y voyait jamais de glaçons aux vitres, comme chez l'épicier et le bonnetier d'en face. La mécanique, bourrée de coke, entretenait là une chaleur de baignoire ; les linges fumaient, on se serait cru en plein été...

(Chapitre VI)

On passe du «récit» distancié au passé simple à un discours indirect libre dont la source est indéterminée au départ et que la présence du déictique «en face» précise par la suite quelque peu : il s'agit d'un personnage qui regarde la rue depuis la boutique de Gervaise, personnage désigné par «on», c'est-à-dire non-identifiable référentiellement de manière sûre. Cette «voix» engagée dans l'action qui n'a ni la neutralité d'un narrateur anonyme ni le visage de tel ou tel personnage renvoie à la figure du **narrateur-témoin**, qui partage le point de vue et le langage de la collectivité évoquée par le roman tout en demeurant décalé.

Cette position narrative instable, nous la connaissons déjà : c'est celle d'un Giono (*supra* p. 44). Il existe cependant une différence notable entre les textes de Giono et ceux de Zola. Chez ce dernier la narration est conduite par l'énonciateur invisible du «récit» et le narrateur-témoin n'apparaît que de manière fugace, même involontaire, au détour d'un fragment de discours indirect libre. L'économie traditionnelle du roman à laquelle se soumet Zola exige en effet que les «voix» aient toutes une identité, fût-ce celle du narrateur. Chez Giono, en revanche, ce narrateur-témoin conduit l'ensemble de la narration.

Le monologue intérieur

Il peut sembler surprenant que nous évoquions à part la technique du monologue intérieur. N'est-ce pas une forme de discours direct adressé par le personnage à lui-même ? Si cela était exact on serait en droit d'affirmer que cette réflexion du héros du *Lys dans la vallée*, de Balzac, relève du monologue intérieur :

> A cet aspect je fus saisi d'un étonnement voluptueux que l'ennui des landes ou la fatigue du chemin avait préparé.
> — Si cette femme, la fleur de son sexe, habite un lieu dans le monde, ce lieu, le voici.
> A cette pensée, je m'appuyai contre un noyer...

En fait, sur le plan linguistique, il s'agit là de discours direct, non de monologue intérieur. On ne doit pas confondre le monologue intérieur avec le fait de décrire les états d'âme d'un personnage. Cette description peut se faire aussi bien par le discours direct, le discours indirect, le discours indirect libre (cf. dans *Madame Bovary*) que par le «récit» pur et simple. Le monologue intérieur, quant à lui, depuis *les Lauriers sont coupés* d'Édouard Dujardin (1887), se caractérise par deux propriétés fondamentales :

1) il n'est pas dominé par un narrateur ;

2) il n'est pas soumis aux contraintes de l'échange linguistique, pouvant donc prendre des libertés à l'égard de la syntaxe et de la référence.

La première propriété exclut la présence d'un narrateur qui à un moment ou à un autre considérerait de l'extérieur le personnage. Dans le monologue intérieur on ne «rapporte» pas les propos d'un personnage, puisque *c'est la totalité de l'histoire qui se trouve en quelque sorte absorbée dans la conscience du sujet qui monologue*. Dans l'exemple de Balzac on avait affaire à du «monologue rapporté»[1] par un narrateur, c'est-à-dire qu'était préservée la discontinuité entre fragments de narration et fragments décrivant les pensées des personnages.

Le second point concerne plus directement la réflexion linguistique. On a vu qu'avec le discours indirect libre on est confronté à une *représentation* de la parole, et non à une parole véritable. La valeur «expressive» est conservée mais non la valeur d'interlocution. Cependant, dans cette forme de discours rapporté l'indépendance à l'égard de la dimension interlocutive est contre-balancée par une dépendance très forte à l'égard du narrateur : le discours indirect libre intègre sa «voix», il s'insère dans le fil de la narration. Le monologue intérieur, lui, s'émancipe de l'interlocution, puisqu'il prétend restituer le flux de conscience du sujet, son discours intérieur, mais aussi du narrateur. Ce faisant, il se donne le droit d'user d'une forme de langage qui viole un certain nombre de contraintes usuelles de la communication, de la correction syntaxique à la clarté dans la désignation. Discours de soi à soi-même, il peut ainsi se soustraire à tout ce que suppose la communication publique, la relation à des sujets différents de soi. Regardons ce passage de Dujardin :

> Sur une chaise, mon pardessus et mon chapeau. J'entre dans ma chambre ; les deux bougeoirs en cigognes à doubles branches ; allumons ; voilà. La chambre ; le blanc du lit dans le bambou, à gauche, là ; et la tenture d'ancienne tapisserie au-dessus du lit, les dessins rouges, vagues, estompés, bleus violacés, atténués, un nuancement noirâtre de rouge noir et de bleu noir, une usure de tons ; un paillasson neuf est nécessaire dans le cabinet de toilette ; j'en choisirai un au Bon Marché ; avenue de l'Opéra ce sera mieux.

(les Lauriers sont coupés, chapitre IV)

Le texte est intelligible, mais on ne peut qu'être frappé par l'abondance des éléments qui sont en quelque sorte «hors-syntaxe», mêlés à des énoncés d'une parfaite correction

1. Terme emprunté à D. Cohn, *La transparence intérieure*, 1981, p. 26.

grammaticale. C'est parce qu'il s'agit d'une pensée parlée et non d'une véritable parole qu'un tel procédé se confère une légitimité. Son but est d'atteindre cette frontière où la notion même de «discours rapporté» vient à perdre son sens.

En réalité, les libertés ainsi prises avec les contraintes langagières ne découlent pas nécessairement de la définition du monologue intérieur. Après tout, les personnages pourraient fort bien monologuer en usant d'une syntaxe parfaitement correcte. S'il en va autrement dans les textes relevant de la technique du monologue intérieur, si ce procédé est difficilement séparable d'un relâchement de la contrainte syntaxique, c'est parce que son emploi va de pair avec une revendication par ses promoteurs d'une «vérité psychologique» que trahirait la syntaxe du discours rapporté traditionnel. Comme l'écrit E. Dujardin, dans le monologue intérieur le sujet «exprime sa pensée la plus intime, la plus proche de l'inconscient, antérieurement à toute organisation logique, c'est-à-dire en son état naissant, par le moyen de phrases réduites au minimum syntaxial, de façon à donner l'impression du *tout venant* (...). La différence ne consiste pas en ce que le monologue traditionnel exprime des pensées moins intimes que le monologue intérieur, mais en ce qu'il les coordonne , en démontre l'enchaînement logique»[1].

Cette revendication d'une vérité psychologique ne doit pourtant pas faire illusion. Même si les auteurs prétendent retrouver l'authenticité de la conscience seule avec elle-même, il n'en reste pas moins que leur texte s'adresse à un lecteur, qu'il doit être intelligible, participer de la littérature..., si bien que les monologues intérieurs ont le même degré d'authenticité que les monologues du théâtre classique. *Le roman est une convention* et le monologue intérieur, loin d'avoir par sa «vérité» fait disparaître les autres formes du discours rapporté, apparaît aujourd'hui comme une technique supplémentaire, ni plus ni moins conventionnelle que ses concurrentes.

Il nous faut dire un mot de l'œuvre de Nathalie Sarraute, dont on dit habituellement qu'elle est fondée sur l'emploi du monologue intérieur. Cette affirmation est discutable, car l'étude des textes révèle une réalité plus subtile. On s'en rend compte en considérant les premières lignes du *Planétarium* :

---

1. E. Dujardin, *le Monologue intérieur*, Paris, Messein, 1931, p. 59.

Non, vraiment, on aurait beau chercher, on ne pourrait rien trouver à redire, c'est parfait... une vraie surprise, une chance... une harmonie exquise, ce rideau de velours, un velours très épais, du velours de laine de première qualité, d'un vert profond, sobre et discret... et d'un ton chaud, en même temps, lumineux... Une merveille contre ce mur beige aux reflets dorés... Et ce mur... Quelle réussite... On dirait une peau... Il a la douceur d'une peau de chamois... Il faut toujours exiger ce pochage extrêmement fin, les grains minuscules font comme un duvet... Mais quel danger, quelle folie de choisir sur des échantillons, dire qu'il s'en est fallu d'un cheveu — et comme c'est délicieux maintenant d'y repenser — qu'elle ne prenne le vert amande. Ou pire que ça, l'autre, qui tirait sur l'émeraude... Ce serait du joli, ce vert bleuté sur ce mur beige... C'est curieux comme celui-ci, vu sur un petit morceau, paraissait éteint, fané... Que d'inquiétudes, d'hésitations... Et maintenant c'est évident, c'était juste ce qu'il fallait... Pas fané le moins du monde, il fait presque éclatant, chatoyant contre ce mur... exactement pareil à ce qu'elle avait imaginé la première fois...

(*le Planétarium*, Paris, Gallimard)

A lire les lignes du début on pourrait penser qu'on a affaire à du pur monologue intérieur : repérage par rapport au moment d'énonciation, absence de narrateur, d'interlocution, syntaxe décousue constituent des indices probants. L'apparition de la non-personne («elle») là où l'on attendait «je» vient brouiller quelque peu les choses. On est alors incité à voir dans ce mode d'énonciation un échantillon de discours indirect libre, puisqu'il y a un narrateur qui convertit le sujet des paroles en personnage.

Manifestement, avec ce type d'énonciation romanesque, on se trouve devant un cas limite. Le texte présente les caractéristiques essentielles du monologue intérieur, mais la présence d'un narrateur vient détruire l'illusion d'être enfermé dans une conscience, ce que suppose en principe cette technique. Le procédé de N. Sarraute résulte d'un compromis destiné à cumuler les avantages du discours indirect libre et du monologue intérieur. De même que le discours indirect libre associe efficacité narrative et subjectivité parlante, de même le «monologue indirect libre» de N. Sarraute associe la plongée dans la rumination d'une conscience (monologue intérieur) et la souplesse qu'offre la possibilité de recourir à une instance extérieure (discours indirect libre) à l'intérieur d'un roman qui ne renonce pas complètement aux techniques narratives classiques, et en particulier à la vision de l'extérieur des personnages.

LECTURES CONSEILLÉES

AUTHIER J.

1982 - «Hétérogénéité montrée et hétérogénéité constitutive : éléments pour une approche de l'autre dans le discours», *DRLAV*, n° 26, p. 91 à 151.
(Article de synthèse sur les multiples formes de présence des paroles d'autrui dans une énonciation.)

COHN D.

1981 - *La transparence intérieure*, Paris, Le Seuil.
(Présentation des techniques littéraires permettant de décrire les états de conscience des personnages dans une narration).

DUCROT O.

1984 - *Le dire et le dit*, Paris, Éd. de Minuit, chapitre VIII.
(Le discours rapporté est évoqué dans le cadre général de la théorie «polyphonique».)

TRAVAUX

• *Dans les textes suivants repérez les fragments relevant du discours rapporté. A chaque fois, dites de quel type il s'agit en explicitant les faits linguistiques sur lesquels vous fondez vos choix. Vous accorderez une attention particulière aux modes d'introduction.*

> Après qu'il eut brouté, trotté, fait tous ses tours
> Jeannot Lapin retourne aux souterrains séjours.
> La Belette avait mis le nez à la fenêtre.
> «O Dieux hospitaliers ! que vois-je ici paraître ?
> Dit l'animal chassé du paternel logis.
>   Holà ! Madame la Belette,
>   Que l'on déloge sans trompette,
> Ou je vais avertir tous les Rats du pays.»
> La dame au nez pointu répondit que la terre
>   Était au premier occupant.
>   C'était un beau sujet de guerre,
> Qu'un logis où lui-même il n'entrait qu'en rampant.
>   «Et quand ce serait un royaume,
> Je voudrais bien savoir, dit-elle, quelle loi
>   En a pour toujours fait l'octroi
> A Jean, fils ou neveu de Pierre ou de Guillaume,
>   Plutôt qu'à Paul, plutôt qu'à moi !»
> Jean Lapin allégua la coutume et l'usage ;
> «Ce sont, dit-il, leurs lois qui m'ont de ce logis
> Rendu maître et seigneur, et qui de père en fils,
> L'ont de Pierre à Simon, puis à moi, Jean, transmis.
> Le premier occupant, est-ce une loi plus sage ?
>   — Or bien, sans crier davantage,

Rapportons-nous, dit-elle, à Raminagrobis.»

(La Fontaine, «Le chat, la belette et le petit lapin»,
Fables, VII, 16)

Mais, comme Madame Maloir allait prendre elle-même les cartes dans un tiroir du buffet, Nana dit qu'avant de se mettre au jeu, elle serait bien gentille de lui faire une lettre. Ça l'ennuyait d'écrire, puis elle n'était pas sûre de son orthographe, tandis que sa vieille amie tournait des lettres pleines de cœur. Elle courut chercher du beau papier dans sa chambre. Un encrier, une bouteille d'encre de trois sous, traînait sur un meuble, avec une plume empâtée de rouille. La lettre était pour Daguenet. Madame Maloir, d'elle-même, mit de sa belle anglaise : «Mon petit homme chéri» ; et elle l'avertissait ensuite de ne pas venir le lendemain, parce que «ça ne se pouvait pas» ; mais, «de loin comme de près, à tous les moments, elle était avec lui en pensée».

«Et je termine par "mille baisers", murmura-t-elle.

Madame Lerat avait approuvé chaque phrase d'un mouvement de tête. Ses regards flamboyaient, elle adorait se trouver dans les histoires de cœur. Aussi voulut-elle mettre du sien, prenant un air tendre, roucoulant :

"Mille baisers sur tes beaux yeux."

— C'est ça : «Mille baisers sur tes beaux yeux !», répéta Nana, pendant qu'une expression béate passait sur les visages des deux vieilles.

On sonna Zoé pour qu'elle descendît la lettre à un commissionnaire. Justement, elle causait avec le garçon du théâtre qui apportait à madame un bulletin de service, oublié le matin. Nana fit entrer cet homme, qu'elle chargea de porter la lettre chez Daguenet, en s'en retournant. Puis, elle lui posa des questions. Oh ! M. Bordenave était bien content ; il y avait déjà de la location pour huit jours ; madame ne s'imaginait pas le nombre de personnes qui demandaient son adresse depuis le matin. Quand le garçon fut parti, Nana dit qu'elle resterait au plus une demi-heure dehors. Si des visites venaient, Zoé ferait attendre. Comme elle parlait, la sonnerie électrique tinta.

(Zola, *Nana*, chapitre II)

— Vous faites visiter souvent ? demandai-je tout soufflant et gaffeux. Mais j'enchaînai aussitôt : «C'est bien votre mère n'est-ce pas qui vend des cierges à l'église d'à côté ?... L'abbé Protiste m'a aussi parlé d'elle.

— Je remplace seulement Mme Henrouille pendant le déjeuner... répondit-elle. L'après-midi, je travaille dans les modes... Rue du Théâtre... Êtes-vous passé devant le Théâtre en venant ?

Elle me rassura encore une fois pour Robinson, il allait tout à fait mieux, même que le spécialiste des yeux pensait qu'il y verrait bientôt assez pour se conduire tout seul dans la rue. Déjà même il avait essayé. Tout cela était d'excellent présage. La mère Henrouille de son côté se déclarait tout à fait contente du caveau. Elle faisait des affaires et des économies. Un seul inconvénient, dans la maison qu'ils habitaient les punaises empêchaient tout le monde de dormir, surtout pendant les nuits d'orage. Alors on brûlait du soufre. Il paraît que Robinson parlait souvent de moi et en bons termes encore. Nous arrivâmes de fil en aiguille à l'histoire et aux circonstances du mariage.

C'est vrai qu'avec tout ça je ne lui avais pas encore demandé son nom. Madelon que c'était son nom. Elle était née pendant la guerre. Leur projet de mariage, après tout, il m'arrangerait bien. Madelon, c'était un nom facile à se souvenir. Pour sûr qu'elle devait savoir ce qu'elle faisait en l'épousant Robinson... En somme lui en dépit des améliorations ça serait toujours un infirme... Et encore elle croyait qu'il avait que les yeux de touchés... Mais il avait les nerfs de malade et le moral, donc et le reste ! J'allais presque le lui dire, la mettre en garde... Les conversations à propos de mariages, moi je n'ai jamais su comment les orienter, ni seulement en sortir.

(Céline, *Voyage au bout de la nuit*, Paris, Gallimard,
Livre de Poche, p. 383-384)

• *Étudiez dans cet extrait du* Planétarium *l'articulation entre narration et discours rapporté* :

(Le personnage central de cet épisode rend visite à une femme très en vue dans l'intelligentzia parisienne ; il la trouve en compagnie d'un jeune homme, assis près d'elle, et demande : «J'espère... que vous n'êtes pas souffrante ?»

Le grand type se renverse plus fort en arrière et ricane en découvrant ses larges dents, il est aux anges... «Souffrante ? Vous n'y pensez pas ? Madame a une santé de fer, voyons. Du ciment armé, je ne vous dis que ça. Mais elle est douillette, comme chacun sait. Elle n'aime rien tant que de se dorloter...» Elle se penche vers lui : «Taisez-vous, petit insolent» et lui donne du revers de sa main une petite tape sur la joue, tandis qu'il lève le coude comiquement et rentre la tête dans les épaules... Le fou de la reine, le bouffon agitant ses clochettes, faisant des galipettes sur les marches du trône, dosant savamment ses impertinences, ses agaceries, a osé dire, faire ce qu'il fallait... Elle rit... Ils avaient vu tous les deux, c'est certain, son air transi, plein de respect, sa crainte. Le bouffon a voulu les faire ressortir davantage pour qu'elle puisse mieux s'en amuser ; il a étalé insolemment devant le pauvre novice venu du fond de sa province, ignorant des usages de la cour — son aisance, sa désinvolture, ses privilèges acquis depuis longtemps, les libertés qu'il peut prendre. Il se pavane. Ses mains lâchent ses chevilles, il se déploie, son long corps efflanqué se dresse sur ses pieds... «Ah ! sur ce, je me tire... il est grand temps...» Il se penche vers elle, assise toute droite, royale, sur la chaise au haut dossier... quelque chose passe de lui à elle, d'à peine perceptible... un mouvement invisible plus rapide, plus clair que les mots, et qu'elle enregistre aussitôt : Allons, je vous laisse vous débrouiller avec cet empoté, mais tâchez tout de même de vous amuser un peu... vous nous raconterez plus tard... on rira bien... Ah, que voulez-vous, noblesse oblige, c'est la rançon de la gloire, ces petits jeunes gens avides qui essaient de venir se frotter, qui cherchent à glaner... Le favori, l'heureux courtisan s'incline, souriant, sur la main quelle lui tend, se redresse... Alors c'est entendu, demain je vous téléphonerai pour ce papier»... se retourne...

Pas une trace ne reste du bouffon dans le jeune homme un peu dégingandé, au visage fin, au regard grave et droit, qui s'avance vers lui pour prendre congé, qui tend la main... finies les plaisanteries, on peut bien rire un peu, mais on sait être courtois ici, le respect humain, la plus parfaite égalité, la fraternité règnent, c'est bien connu, dans cette maison. On a des égards pour tous les étrangers qui viennent ici de pays lointains, pour tous les pauvres pèlerins : «Je suis heureux de vous avoir rencontré. Au revoir. J'espère qu'on se reverra bientôt... — Oh oui, moi aussi, bien sûr, je serais heureux...» Il serre très fort aussi cette main ferme, secourable, amicale, qui étreint ses doigts, il la retient un peu...

(N. Sarraute, *le Planétarium*, Paris, Gallimard,
Livre de Poche, p. 79-80)

6. Classifiance
et non-classifiance

La catégorie adjectivale intéresse tout particulièrement l'analyse stylistique. Au premier chef parce qu'un grand nombre d'adjectifs[1] constituent un lieu d'inscription privilégié de la subjectivité, de par leur signification. A cela s'ajoute le fait qu'en français la faculté d'antéposer ou de postposer l'adjectif au nom ouvre la possibilité d'effets de sens intéressants, qui alimentent d'ailleurs depuis longtemps la réflexion des stylisticiens. On va voir que l'étude de ces deux phénomènes suppose la mise en évidence d'une propriété sémantique importante, la **classifiance**, qui concerne également d'autres catégories, le nom et le déterminant[2].

Divers types d'adjectifs

Les grammairiens divisent traditionnellement les adjectifs en «objectifs» et «subjectifs». Répartition très schématique mais indiscutable dans son principe qui permet d'opposer deux ensembles aux propriétés sémantiques très différentes ; alors que les uns décrivent le monde, les autres renvoient avant tout à un jugement de valeur du sujet énonciateur :

une tour carrée *vs* une tour ravissante

1. Nous ne parlons ici que des adjectifs dits «qualificatifs», ceux qui sont susceptibles d'un emploi prédicatif (*la terre est sèche*) et de variation en degré (*très sèche, la plus sèche*).
2. Ce chapitre s'inspire pour une bonne part des travaux de J.-C. Milner, dont nous avons extrait les éléments qui nous intéressaient ici. Pour une présentation moins réductrice de cette problématique on se reportera à *De la syntaxe à l'interprétation*, Paris, Le Seuil, 1978. Dans les pages qui suivent nous envisageons toutefois des phénomènes qui n'ont pas été pris en compte par Milner.

Cette diversité a également retenu l'attention des logiciens, pour lesquels elle constitue une source d'embarras. En effet, les deux propositions *Jean est blond* et *Jean est beau* présentent la même structure et attribuent toutes deux, de la même manière semble-t-il, un prédicat à Jean. Pourtant, la première possède une fonction descriptive (elle range Jean dans la classe des individus blonds) tandis que la seconde est interprétée comme un éloge, non comme l'attribution d'une propriété définissable univoquement. De la proposition *Jean est blond* on peut dire si elle est vraie ou fausse mais, sauf situation très particulière, on ne peut en faire autant pour *Jean est beau.*

L'opposition entre le «subjectif» et l'«objectif» peut être affinée, dans la mesure où dans la première rubrique on trouve des types divers. C. Kerbrat-Orecchioni[1] a proposé la grille suivante :

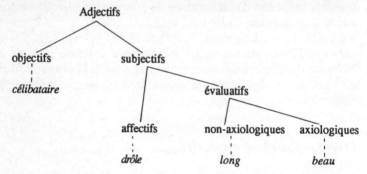

-Les *affectifs* «énoncent, en même temps qu'une propriété de l'objet qu'ils déterminent, une réaction émotionnelle du sujet parlant en face de cet objet» : *effrayant, pathétique*... Cette classe présente une intersection avec celle des «axiologiques» : *admirable, détestable*, par exemple, sont à la fois axiologiques et affectifs.

- Les *évaluatifs non-axiologiques* supposent une évaluation qualitative ou quantitative de l'objet fondée sur une *double norme*, interne à l'objet et spécifique de l'énonciateur. Autrement dit, l'emploi de ce type d'adjectifs dépend de l'idée que l'énonciateur se fait de la norme d'évaluation convenable pour une catégorie d'objets donnée. Si je dis *un gros livre* je dis en réalité que ce livre

1. *L'énonciation de la subjectivité dans le langage*, Paris, A. Colin, 1980, p. 83-100.

est plus gros que la norme de grosseur d'un livre, d'après l'idée que j'en ai. Selon les objets concernés et la situation d'énonciation de multiples facteurs interviennent dans cette appréciation.

- Les *évaluatifs axiologiques* impliquent également une double norme, liée à l'objet support de la propriété et à l'énonciateur. Le «bon», le «beau»... varient en effet à la fois en fonction de l'objet concerné et du système d'évaluation de l'énonciateur. S'ils sont en général perçu comme nettement plus subjectifs que les non-axiologiques, c'est parce que la norme de petitesse d'un livre ou de la chaleur atmosphérique font l'objet d'un consensus plus large que celle du beau, par exemple, où le caractère valorisant ressort immédiatement. Il ne faut néanmoins pas oublier que les jugements de valeur les plus «personnels» s'appuient sur des codes culturels et que, suivant les contextes, le même adjectif apparaîtra plus ou moins subjectif.

La classifiance : syntaxe et énonciation

Si on le définit par rapport à l'acte d'énonciation le caractère «objectif» d'un adjectif peut se formuler ainsi : les propriétés «-être bleu», «-être rond», etc. sont définissables *indépendamment de toute énonciation particulière* et permettent de délimiter des classes (les *livres bleus* constituent un sous-ensemble circonscrit de l'ensemble des livres). En revanche, dans des contextes syntaxiques appropriés, les adjectifs subjectifs ne s'interprètent qu'à l'intérieur de l'énonciation singulière dans laquelle ils figurent : la classe des objets «poignants», «beaux», «charmants»... ne préexiste pas à l'acte d'énonciation; ne sont «poignants», «beaux», «charmants»... que les objets dits tels par l'énonciateur au moment même où il s'exprime.

Le comportement de ces adjectifs subjectifs, surtout les affectifs, à l'égard de la négation est significatif. On ne dira pas aussi facilement (sauf cas d'ironie ou de reprise d'un énoncé antérieur) :

(1) Paul n'est pas merveilleux

que :

(2) Paul n'est pas blond

Alors que (1) est interprété comme une litote (= «Paul est lamentable»), (2) affirme de Paul que ses cheveux ont une autre couleur. Cette divergence de comportement est liée au fait que les affectifs n'ont pas de signifié bien découpé : il est périlleux d'établir des différences nettes entre *répugnant, dégoûtant, exécrable...* ou *merveilleux, splendide, génial...*

J.-C. Milner associe cette distinction entre les deux types d'adjectifs à celle entre structures exclamatives et interrogatives, dont les interprétations sont complémentaires. Si l'énonciateur pose une question, c'est-à-dire fait une demande d'information, c'est qu'il ignore la valeur de vérité de la proposition et attend de la réponse qu'elle place ou non le groupe nominal dans la catégorie concernée ; ainsi quand on demande

> Luc est-il gentil ?

on demande à l'interlocuteur de ranger ou non Luc dans la classe des êtres gentils. Dans une telle structure l'adjectif, même si hors contexte il apparaît plutôt subjectif, tend à être interprété comme objectif. En revanche, dans l'exclamative

> Que Luc est gentil !

l'énonciateur n'a aucun doute sur la gentillesse de Luc, que l'énonciation lui attribue de manière superlative. On comprend qu'il suffise que l'interrogation devienne «rhétorique», constitue une affirmation déguisée pour que les adjectifs les plus subjectifs puissent y apparaître ; alors que

> *? Luc est-il merveilleux ?

semble bizarre, la question rhétorique

> Luc n'est-il pas merveilleux ?

est parfaitement naturelle.

Les contextes exclamatifs et interrogatifs permettent donc de répartir interprétations «subjectives» et «objectives». Si certains adjectifs (cf. *gentil*) sont compatibles avec les deux interprétations, en fonction du contexte, d'autres sont plus stables : *merveilleux* est essentiellement subjectif et *carré* essentiellement objectif. C'est pourquoi ce dernier ne peut pas figurer dans une exclamative :

> * Quelle maison carrée !

Certes, on peut trouver des énoncés tels

> Quelle table splendide avez-vous achetée ?

dans lesquels un adjectif subjectif est pris dans une interrogation, mais l'interrogation ne porte pas sur *splendide*, qui donne seulement une appréciation au passage (comparer à *Quelle table ronde avez-vous achetée ?*).

Jusqu'ici nous avons parlé de «subjectivité» et d'«objectivité» ; à présent nous parlerons avec J.-C. Milner [1] de **classifiance** et **non-classifiance**, termes dont le sens est plus contrôlable. Employer un adjectif de manière classifiante (en raison de l'existence d'adjectifs mixtes et de contextes particuliers, il vaut mieux parler d'*emplois* que d'*adjectifs* classifiants), c'est faire entrer des référents dans des classes délimitables, porteuses d'information. Employer un adjectif de manière non classifiante, c'est en fait valoriser ou dévaloriser un objet. Le signifié des adjectifs ne permet pas alors d'opérer des découpages, il est lié de manière cruciale à l'acte d'énonciation singulier dans lequel il s'inscrit.

Pauvre

Le petit groupe d'adjectifs évaluatifs que constituent *pauvre, malheureux, infortuné* représente, en matière de non-classifiance, un cas intéressant, qui se rapproche de celui des «noms de qualité» (*supra* p. 36). Leurs emplois non-classifiants sont liés à des contextes bien précis : *antéposés* au nom ou *en incise*, accompagnés d'un déterminant défini et éventuellement suivis d'un nom. D'une part, *Le pauvre général est tout étonné*, de l'autre, *Il est ruiné, le pauvre (garçon) !*

En employant ces adjectifs, le locuteur n'apporte pas une information classifiante sur le nom, il donne une appréciation «détrimentaire» au sujet de cet actant. Comme les noms de qualité, ils ont un comportement particulier à l'égard du discours rapporté : au discours indirect ils dépendent nécessairement de la subjectivité du rapporteur. Ainsi dans

Paul m'a affirmé que ce pauvre Jules était revenu

l'évaluation que suppose *pauvre*, ne peut pas, sauf distanciation explicite, ne pas être prise en charge par le rapporteur (quoique Paul puisse la partager). Avec les adjectifs non-classifiants ordinaires il en va autrement : *Paul m'a dit qu'il avait une*

1. *Op. cit.*, p. 295.

magnifique voiture n'implique pas que le rapporteur adopte ce jugement de valeur.

Il existe toutefois une différence notable entre l'emploi antéposé et l'emploi en incise : l'évaluation négative que l'incise associe à un individu est inséparable du *contenu même* de l'énonciation particulière dans laquelle elle prend place ; l'incise indique que *le procès* évoqué par l'énoncé s'accomplit au détriment de l'actant associé à l'adjectif. Le prédicat doit donc être marqué négativement. On ne peut pas dire, sauf situations spéciales :

> * Il a été récompensé, le malheureux !

Il faut un prédicat d'orientation opposée :

> Il est ruiné, le malheureux !

En conséquence, des prédicats *a priori* «neutres» comme *prendre la route* ou *promener son chien*, une fois associés à ce type d'incises, prendront une valeur négative.

D'un point de vue référentiel, le groupe nominal en incise ne dénote par lui-même aucun objet ; il s'interprète, un peu à la manière d'un pronom, grâce au nom antécédent. On dira qu'il n'a pas d'*autonomie référentielle*, dans la mesure où il ne réfère que dans sa dépendance à l'égard de son antécédent dans telle ou telle énonciation particulière. Sur ce point, ces incises se comportent comme celles des noms de qualité : dans *Paul est venu, l'imbécile !* Paul n'est «imbécile» que parce qu'il «est venu» et l'incise ne réfère qu'à travers Paul.

La célèbre scène de *Tartuffe* (I,5) où Orgon répète obstinément «le pauvre homme !» exploite au mieux les particularités de ce type d'incises. Tout l'effet comique repose sur le fait que l'incise ne saurait délivrer une caractérisation stable de Tartuffe, mais doit s'interpréter par rapport à chacune des énonciations de Dorine qui précèdent :

DORINE

Madame eut avant-hier la fièvre jusqu'au soir
Avec un mal de tête étrange à concevoir

ORGON

Et Tartuffe ?

DORINE

Tartuffe ? Il se porte à merveille
Gros et gras, le teint frais, et la bouche vermeille.

ORGON

Le pauvre homme !

Cet emploi inapproprié de l'incise doit se lire, plus exactement, comme un emploi à contretemps : en fait, Orgon devrait placer son incise à la fin des énoncés concernant sa femme, et dire «la pauvre femme !». L'«erreur» d'Orgon est là pour signifier une vérité : Tartuffe occupe dans le cœur et dans la maison d'Orgon la place de l'épouse. La transgression énonciative est donc lourde de sens et renvoie à un dérèglement de l'ensemble de la cellule familiale.

L'adverbe «mar»

Nous allons à présent élargir nos réflexions à un phénomène comparable, emprunté à la littérature d'ancien français. L'adverbe *mar*, comme *pauvre* en incise, permet à l'énonciateur de qualifier un participant de l'action par la relation qu'il établit *dans son énonciation même* avec le procès dans lequel se trouve impliqué ce personnage[1]. Soit ces deux vers de *la Chanson de Roland* :

> (1) Felun païen mar i vindrent as porz
> (2) Jo vos plevis, tuz sunt jugez a mort

On pourrait les traduire ainsi :«pour leur malheur les félons païens vinrent aux ports / Je vous le garantis, tous sont voués à la mort.» Ce faisant, nous avons traduit *mar* par «pour leur malheur», ainsi qu'on le fait habituellement. Selon B. Cerquiglini, la paraphrase convenable serait plutôt pour le premier vers : «les Païens félons ont eu bien tort de considérer, comme on peut me semble-t-il supposer qu'ils l'ont fait, que venir aux ports leur serait au moins un avantage» ; affirmation que l'énonciateur justifie ensuite en produisant le second vers[2].

L'opération énonciative qu'implique *mar* s'analyse ainsi :

- 1) L'énonciateur attribue au sujet (ici les Païens félons) un prédicat («vinrent aux ports»).

- 2) Il associe un implicite à cette relation, à savoir que les Païens en agissant ainsi pensaient que cela leur serait favorable.

- 3) Il établit une *discordance* entre cet élément implicite et la situation dont il fait part au vers suivant : ils mourront tous.

1. Nous suivons ici l'analyse de B. Cerquiglini, *La parole médiévale*, Paris, Éd. de Minuit, 1981.
2. *Op. cit.*, p. 172.

Autrement dit, contrairement à ce qu'on peut supposer de l'attente du sujet, le prédicat aura des conséquences fâcheuses pour lui.

Le contenu implicite, l'idée que les Païens se faisaient en arrivant, doit être reconstitué par le destinataire à partir de sa connaissance de la valeur de *mar* et du contexte. Ici *mar* possède une interprétation «détrimentaire» (les Païens sont victimes du procès) ; dans d'autres contextes il peut s'interpréter comme «inopérant» et se traduira alors par *vainement*.

L'emploi de *mar* est étroitement lié à une littérature narrative médiévale qui souligne les effets dramatiques : rebondissements et erreurs fatales des personnages tissent une aventure soutenue par une morale ; le narrateur énonce que l'action se retourne contre celui qui s'est engagé dans une entreprise sans songer à ses conséquences fâcheuses éventuelles.

A la différence du détrimentaire *pauvre, mar* ne peut porter que sur le sujet de la phrase. En outre, «le pauvre !» combine valeur détrimentaire et compassion de la part de l'énonciateur, alors que *mar*, comme le montre notre exemple, ne suppose pas de compassion, à moins qu'il ne porte sur les actes de l'énonciateur lui-même.

Adjectifs et déterminants

La non-classifiance ne concerne pas les seuls adjectifs. Les déterminants du nom s'y trouvent également impliqués, et d'une manière qui intéresse directement l'analyse stylistique.

On sait qu'il existe des noms dits «non-comptables» (*le beurre, l'eau, la souffrance*…), qui sont associables à une quantification de type partitif (*du beurre*). On rencontre pourtant des contextes où un emploi non-comptable est associé au déterminant *un*, réservé en principe aux emplois comptables. C'est ainsi que des groupes nominaux comme *une fraîcheur printanière, une eau limpide*… sont parfaitement acceptables. C'est la présence d'un adjectif non-classifiant qui rend ces groupes nominaux possibles : **une fraîcheur* ou **une eau* sont agrammaticaux. Ici *un* n'est pas utilisé avec sa valeur quantifiante habituelle ; de cette valeur spécifique on dira qu'elle est *non-classifiante*.

En effet, associé à des substantifs non-comptables *un* s'oppose au partitif comme le non-classifiant au classifiant. Le partitif prélève une quantité non déterminée d'une substance divisible, douée d'une propriété classifiante (*de l'eau fraîche* s'interprète comme «une certaine quantité d'eau qui est fraîche, et non tiède, froide...»), alors qu'*une eau fraîche* valorise sans prélever de quantité ni attribuer une propriété classifiante : l'eau est considérée en elle-même, elle n'oppose pas différentes espèces d'eaux. Or ce type d'emplois du déterminant *un* entretient des rapports privilégiés avec le discours littéraire : non seulement la littérature en fait un usage abondant, mais encore leur apparition est immédiatement perçue comme provoquant un «effet» littéraire.

En poussant plus loin l'investigation on s'aperçoit qu'avec le partitif un certain nombre d'adjectifs non-classifiants sont exclus. A côté d'*une eau azurée* on ne peut avoir **de l'eau azurée*. Alors que *donne-moi une eau azurée* semble sorti tout droit d'un texte littéraire **donne-moi de l'eau azurée* est étrange et parodique. Les adjectifs du type d'*azuré* (*limpide, cristallin*...) appartiennent à un ensemble singulier : ce ne sont pas des adjectifs de couleur classifiants (comme *bleu, rouge*...), ils ne désignent aucune propriété objective, mais investissent l'objet dénoté d'une valeur esthétique positive, traduisent une «impression». Ce groupe d'adjectifs qui n'ont pas d'autre usage que non-classifiant sont étrangers à tout système de degré, de comparaison, à tout ce qui suppose une objectivation quantitative : de là l'impossibilité d'un énoncé comme **j'ai vu couler une eau plus bleutée que chez toi*. Ce caractère «impressionniste» se retrouve dans un certain nombre de groupes prépositionnels stéréotypés qui ont la même fonction de modifieurs du nom : *une herbe d'émeraude, une peau d'ébène*... Quand Flaubert écrit dans *l'Éducation sentimentale* (II, IV) «le soleil couchant allongeait à hauteur d'homme *une lumière roussâtre*» ce substantif non-comptable combiné avec le *un* non-classifiant et un adjectif impressionniste ne dénote pas tant un objet qu'il n'évoque l'émotion suscitée par un spectacle émouvant, celui du soleil se couchant sur l'Arc de Triomphe.

Dans le même ordre d'idées on signalera l'existence des pluriels à valeur dite «amplifiante» des termes non-comptables. Alors que *le/du sable de la dune* réfère à une substance objectivée, le pluriel dans *les sables du désert* ou *les eaux* ne désigne pas un objet distinct de celui que désignerait le singulier. Le caractère «illimité» qu'ouvre l'emploi du pluriel ôte aux noms toute valeur classifiante.

Non-classifiance des noms comptables

A côté des emplois pluriels de substantifs normalement non-comptables on trouve le phénomène inverse dans les textes littéraires : des noms dont le référent exige qu'ils soient au pluriel et qui, associés à *un*, perdent leur caractère classifiant. C'est le cas, en particulier, de *doigts, yeux, mains...* qui, sauf contextes spéciaux (par exemple, *sa main droite saignait*), s'utilisent habituellement au pluriel. Or si on lit *sa lèvre était douce comme le miel* ou *un œil noir te regarde* on comprend qu'il s'agit des deux lèvres ou des deux yeux. Tandis que *des yeux noirs* possède un sens descriptif, *un œil noir* suggère d'autres valeurs (funèbres, mystérieuses...), tout ce qu'on peut associer au personnage de Carmen.

Il n'est cependant pas nécessaire que le substantif soit intrinsèquement pluriel pour qu'apparaisse un tel effet de sens. Il peut suffire que le nom soit utilisé dans un contexte où c'est le pluriel qui est normalement attendu. Considérons cette phrase extraite de la description par Zola d'une soirée mondaine :

> Cette valse [...] pénétrait le vieil hôtel d'*une onde sonore*, d'*un frisson chauffant les murs*.

> (*Nana*, chapitre XII)

A la différence de *yeux* ou *lèvres*, *onde* ou *frisson* peuvent s'employer au singulier ou au pluriel. Mais dans ce contexte-ci c'est le pluriel que l'on attend : il ne saurait y avoir une onde unique[1] ou un seul frisson. Dans la mesure où le *un* ne peut être interprété comme un élément quantifiant, le groupe nominal verse dans la non-classifiance. Cette recatégorisation n'est pas sans incidence sur la lecture des modifieurs des noms : *sonore* perd la valeur purement classifiante qu'il avait au XIXe siècle dans la lexie figée *onde sonore* pour désigner plutôt l'impression ressentie ; quant à *chauffant les murs*, il subit un déplacement sémantique comparable et se charge de subjectivité : la chaleur en question ne constitue pas un phénomène physique objectivable (ceux qui connaissent le roman de Zola associeront cette chaleur à la figure de la brûlante Nana, dont la valse investit le vieil hôtel glacé du comte Muffat).

---

1. Au XIXe siècle *onde sonore* ne constitue pas une redondance ; c'est le terme utilisé dans les ouvrages de physique.

On le voit, quand on a affaire à des noms comptables l'interprétation non-classifiante suppose un contexte approprié. Les choses sont naturellement plus aisées dès que le nom, sans constituer à proprement parler un terme non-comptable, est régulièrement au singulier parce qu'il réfère à un objet unique. C'est la situation symétrique de l'emploi de *yeux, lèvres...* au singulier. Des noms comme *ciel, lune* ... ont un référent unique et défini ; **un ciel* ou **une lune* sont donc logiquement exclus, mais non *une lune glacée* ou *un ciel d'airain*, où le déterminant et l'adjectif sont non-classifiants. On ne réfère alors au ciel et à la lune qu'en tant qu'ils suscitent une certaine impression sur un sujet. De là l'étrangeté de syntagmes tels *une lune jaune*, où le caractère classifiant de l'adjectif se combine difficilement avec ce contexte non-classifiant.

Effets impressionnistes

Le procédé qui consiste à recatégoriser un terme normalement comptable en substantif non-classifiant a été particulièrement apprécié des romanciers naturalistes. A sa manière, la littérature participait d'un mouvement d'ensemble qui, dans le code pictural, a pris le visage de l'«impressionnisme». Par ce procédé il s'agit en effet de déplacer le centre d'intérêt de la description : l'essentiel n'est pas de découper le réel, mais de déployer un univers d'impressions.

C'est ainsi que le roman naturaliste fait un usage tout à fait intéressant de la combinaison du déterminant *un* avec un nom déverbal (*un frémissement de plumes blanches, un miroitement d'ivoire, un piétinement de troupeau...*) dans laquelle le déterminant est non-classifiant et le génitif s'interprète comme un sujet (les plumes frémissent, l'ivoire miroite...).

On sait que les noms déverbaux se caractérisent :

1) par la relation morphologique et sémantique qu'ils entretiennent avec un verbe (*frémir → frémissement*) ;

2) par le fait qu'ils se combinent avec les mêmes groupes nominaux que ce verbe et leur confèrent les mêmes fonctions : si l'on n'a pas **le désespoir miroite*, on n'aura pas non plus **le miroitement du désespoir...* Quand le verbe est intransitif le génitif en *de* est interprété comme le sujet («génitif subjectif», comme dans nos exemples) ; quand le verbe est transitif, le génitif peut

aussi être interprété comme le complément d'objet («génitif objectif» : *la revendication des congés payés*) ;

3) par la nécessité d'être interprétés comme une phrase. Cela va de pair avec leur sens «processif», dynamique : *la revendication des congés* n'est déverbal que s'il réfère à l'action de revendiquer (en revanche dans *j'ai déchiré votre revendication* on a affaire à un nom ordinaire, un objet stable, et non un processus) ;

4) par l'impossibilité d'être au pluriel, et donc d'être précédés du déterminant *un* : **un/deux miroitement des glaces, *une/deux arrivées de Jules*... C'est là une conséquence des propriétés précédentes. Le pluriel devient possible quand le déverbal est en réalité un nom ordinaire : *j'ai inscrit trois arrivées sur le registre.*

Or les exemples naturalistes du type *une floraison de lilas, un piétinement de troupeau*... contreviennent aux règles puisqu'ils s'interprètent comme des processus, tout en se combinant avec *un.* C'est évidemment, comme on l'a dit, la non-classifiance de *un* qui rend raison de cette apparente irrégularité. Mais il existe une différence importante entre la non-classifiance de *un* dans *un frémissement de plumes* et dans *une eau limpide* : avec les déverbaux le modifieur du nom s'interprète comme sujet, alors que celui des termes comme *eau* possède un statut d'adjectif.

En fait, les choses sont plus complexes. Dans *un frémissement de plumes* le génitif tend à posséder une *double* interprétation : il s'interprète comme sujet, on l'a dit, mais se rapproche aussi des groupes prépositionnels non-classifiants du type *une herbe d'émeraude.* Cela résulte de l'absence de déterminant (on ne dit pas **un miroitement de l'ivoire*) ; de même que l'émeraude ne désigne par la couleur d'un objet particulier mais une sorte d'étalon, de modèle idéal, de même avec *un frémissement de plumes* ou *un miroitement d'ivoire* le sujet du nom déverbal fonctionne comme une sorte d'adjectif non-classifiant. Les plumes ou l'ivoire y apparaissent à la fois comme ces plumes et cet ivoire qui figurent dans la scène décrite et comme les substances frémissantes ou miroitantes par excellence, des essences.

Il se produit donc une inversion significative : alors qu'en français le sujet est par définition un élément qui domine dans le domaine syntaxique où il figure (phrase ou groupe nominal), ici le sujet semble dominé par l'élément verbal. Écrire *les plumes frémissaient* ou *l'ivoire miroitait*, ce serait affecter un prédicat de type processif à des objets stables ; si, en revanche, on écrit *un miroitement d'ivoire* ou *un frémissement de plumes*, on place au premier plan le processus lui-même, ou plutôt l'impression provoquée par ce processus, et on fait du sujet moins le support qu'une caractérisation de l'impression : on évoque *un piétinement de troupeau* un peu comme on évoquerait *une eau de cristal*. En un sens, les plumes ou l'ivoire jouent ici un rôle comparable à celui des nymphéas ou de la façade de la cathédrale de Rouen chez Monet : le peintre ne vise pas tant à représenter des nymphéas ou des cathédrales qu'à capter un objet dont la rencontre avec la lumière libère une impression extrême.

Au-delà de l'incidence stylistique immédiate de tels faits de langue, on pourrait utilement s'interroger sur la relation quelque peu paradoxale au premier abord, qui unit le roman naturaliste à des procédés caractéristiques de ce qu'on appelle l'écriture «artiste». Pourquoi faut-il que la littérature exhibe avec le plus de force son code au moment même où elle prétend donner à voir la réalité la plus brute ?

La place de l'adjectif

Les problèmes sémantiques posés par la place de l'adjectif ont constamment été traités en faisant appel à des considérations d'ordre stylistique. C'est en effet un des points où l'inscription de la littérature dans la langue est la plus évidente. Or sur cette question également la classifiance joue un rôle primordial. Nous nous limiterons ici aux phénomènes qui intéressent immédiatement la stylistique, laissant en particulier de côté les adjectifs antéposés à valeur intensive (*vrai, grand, parfait...*) et les oppositions d'homonymes du type *ancienne maison/maison ancienne*, où la position de l'adjectif est strictement contrainte. Nous concernerons donc essentiellement les adjectifs dont la place par rapport au nom n'est pas fixe.

La possibilité d'antéposer ou de postposer l'adjectif sans modifier pour autant l'interprétation du groupe nominal est essentiellement le fait d'emplois *non-classifiants*. C'est ainsi qu'entre (1) et (1') on ne perçoit qu'une différence d'ordre emphatique :

(1) une tarte délicieuse	(1') une délicieuse tarte
une maison charmante	une charmante maison

Quand Chateaubriand écrit de son héroïne Atala «Dans ses joues *d'une blancheur éclatante*, on distinguait *quelques veines bleues*» on perçoit un contraste entre le premier adjectif, dont la non-classifiance s'accomode des deux positions, et le second, classifiant, qui ne saurait être que postposé.

On connaît la raison de cette dissymétrie : le terme classifiant ajoute une information au nom, sur laquelle peut porter le poids d'une interrogation. En revanche, le caractère «périphérique», non-oppositif de l'information apportée par un emploi non-classifiant, son vague sémantique rendent sa position par rapport au nom indifférente et lui interdisent de supporter une interrogation.

La liberté des adjectifs non-classifiants n'est cependant pas illimitée. Outre les phénomènes d'emphase déjà évoqués il faut faire la part des facteurs d'ordre prosodique et d'ordre syntaxique. On a, en effet, tendance à placer en seconde position l'élément le plus long : *une victoire époustouflante* plutôt qu'*une époustouflante victoire*. De plus, si l'adjectif possède des compléments il est nécessairement postposé :

un garçon sympathique à tous *vs* *un sympathique à tous garçon

Seul ce dernier paramètre est rigoureusement contraignant ; une volonté d'emphase peut toujours annuler les tendances de la prosodie française.

Les antépositions sémantiquement pertinentes

Mais le phénomène qui intéresse le plus l'analyse stylistique, c'est bien évidemment les antépositions de termes *classifiants*, qui modifient notablement le sens du groupe nominal.

Il se trouve, en effet, que dans un contexte approprié tout adjectif classifiant, normalement postposé, peut passer devant le nom, au prix d'une réinterprétation qui concerne directement la stylistique. On reconnaît là les traditionnelles «épithètes de nature». Si l'on met en regard :

(1) un noir forfait   et   (1') un mur noir
    de pâles spectres   une couleur pâle

on voit qu'en (1') l'adjectif a une valeur classifiante, qu'il est susceptible de supporter l'incidence d'interrogations (*est-ce un mur noir ?, aime-t-il les couleurs pâles ?*). Dans (1), en revanche, l'adjectif n'ajoute pratiquement aucun trait sémantique à ceux déjà contenus dans le nom, il ne fait qu'expliciter en quelque sorte un trait latent : la pâleur fait partie du stéréotype du spectre et la noirceur caractérise tout forfait. Mais cette redondance suppose une modification sémantique dans l'adjectif classifiant : redondantes du point de vue informatif, la pâleur et la noirceur ne représentent plus vraiment des couleurs dans de tels contextes. La pâleur du spectre s'interprète plutôt comme absence de vie, fragilité..., de la même manière que la blancheur des «blancs moutons» renvoie à l'innocence, la pureté... Ce changement de registre sémantique ressort clairement de la difficulté qu'il y a à placer des déterminants numériques devant ces antépositions. Leur visée classifiante est en effet peu compatible avec de tels emplois : *six blancs moutons* paraît quelque peu incongru. Cette combinaison est néanmoins possible si le chiffre en question est un stéréotype, une réalité notoire qui n'oppose pas un nombre aux autres de la série. On peut référer aux Parques en disant *trois noires divinités* parce qu'il s'agit d'une trinité.

La littérature nourrit une prédilection pour ce genre d'antépositions : *les noirs chevaux de l'Erèbe, la douce brise, la verte campagne*... Cela n'a rien de surprenant si l'on songe au rapport qu'entretient le discours littéraire avec la culture : écrire *la verte nature* ou *les rustiques chaumières*, c'est abandonner un univers de référents délimitables pour un univers de qualités codées dans la culture, un univers où l'objet ne s'appréhende que comme l'incarnation d'un stéréotype où sont sédimentées un certain nombre de valeurs. La langue ne sert pas ici à manipuler des objets du monde mais à libérer des essences dans un espace de connivence. Quand on lit sous la plume de Chateaubriand :

> La lune prêta *son pâle flambeau* à cette veillée funèbre. Elle se leva au milieu de la nuit, comme *une blanche vestale*...
>
> (*Atala*)

on est confronté à une scène et, au-delà, à un monde où la pâleur de la lune et la blancheur des vestales n'ont pas de pouvoir classifiant, ne font qu'actualiser un contenu latent dans l'essence de la lune ou de la vestale, un élément qui, de part et d'autre, désigne obliquement la virginité mortelle d'Atala.

L'antéposition devient, dès lors, très difficile quand on ne peut pas s'appuyer sur une redondance entre le nom et l'adjectif : *les noirs espoirs, les pâles tomates*, hors contexte, semblent quelque peu bizarres. Nous disons «hors contexte» parce qu'en l'absence d'une redondance préétablie dans la culture *c'est l'univers créé par le texte qui vient légitimer les antépositions* . Dans une histoire où

les agneaux seraient constamment présentés comme destructeurs,
un syntagme *comme les sauvages agneaux* serait parfaitement
naturel. Il y a là une dialectique entre le donné et le nouveau : tout
texte s'appuie sur un espace sémantique préexistant mais peut
également établir des réseaux inédits, qui peuvent à leur tour
constituer un donné pour des textes ultérieurs. Dans cette phrase
de Proust sur l'œuvre du musicien Vinteuil

> Sans doute *le rougeoyant septuor* différait singulièrement de *la
> blanche sonate...*
>
> (*La Prisonnière*, Flammarion, 1984, p. 357, souligné par nous)

les deux antépositions peuvent sembler surprenantes. *Rougeoyant*
a beau être impressionniste, il demeure un adjectif de couleur,
dont l'antéposition présuppose une forme de redondance
sémantique avec le nom. Avec *sonate* et *septuor* une telle
redondance ne va pas de soi. Si l'on élimine la volonté parodique,
non pertinente ici, il reste à trouver dans le contexte les éléments
d'une explication.

On sait que d'une manière générale l'œuvre de Proust s'appuie
sur une théorie explicite des correspondances entre les différents
arts, musique, littérature et peinture, en particulier. Cette
correspondance se trouve en quelque sorte réalisée *dans le texte
même* du roman quand il se sert d'adjectifs picturaux pour décrire
l'impression provoquée par la musique. C'est ainsi que quelques
pages avant notre exemple l'auteur évoquait la même sonate en
parlant d'«aube liliale et champêtre», de «roucoulement de
colombe», de «tendre et candide sonate» ; autant de traits
sémantiques qui sont venus se condenser dans *la blanche sonate*,
où *blanc* a perdu toute fonction classifiante.

En écrivant que cette musique «étendait, notes par notes,
touches par touches, *les colorations inconnues*, inestimables, d'*un
univers insoupçonné*»[1], Proust insiste très justement sur le
caractère inédit des associations ainsi créées ; univers auparavant
«insoupçonné», mais qui devient aussi évident et nécessaire que
celui auquel nous sommes accoutumés quand l'œuvre artistique
réussit à imposer son monde. Le romancier qui évoque un
«rougeoyant septuor» ou une «blanche sonate» construit un
univers où il serait dans la nature des morceaux de musique
d'avoir une couleur, au même titre que dans l'univers usuel il
entre dans la nature des moutons ou des vestales d'être blancs.

---

1. *La prisonnière*, p. 357. C'est nous qui soulignons.

Conclusion

Ce chapitre consacré à la non-classifiance nous a conduit à réfléchir sur certains aspects de la nature du discours littéraire, qui en fait un usage systématique. On a pu remarquer le lien essentiel qui s'établissait entre la non-classifiance, la présence d'une subjectivité et l'énonciation littéraire. «Un miroitement d'ivoire», «une table magnifique», «une eau limpide», «un pâle spectre»… ne signifient que dans l'acte singulier d'énonciation d'un sujet susceptible d'impressions et de jugements d'évaluation ; avec un tel type de groupes nominaux on ne peut espérer découper des objets dans le réel.

Cette mise en suspens de la fonction classificatrice du langage se lit dans le couple que forment structures exclamatives et interrogatives, où l'énonciation de propriétés discriminantes du vrai et du faux s'oppose à celle d'exclamations, où le sujet présente son propos comme provoqué par le surgissement en lui de l'émotion même. A chaque fois dans les faits de non-classifiance les actes d'énonciation semblent renvoyer à eux-mêmes : non seulement parce que n'est «délicieux», «merveilleux»… que ce qu'un sujet dit être tel au moment même où il le dit, mais aussi parce que l'eau «azurée» ou la «pâle» lune… renvoient à des stéréotypes fixés dans notre culture qui n'apportent aucune information.

On notera aussi la subtilité du lien qui unit langage et discours littéraire. La non-classifiance et les structures qui la rendent possible ne constituent pas en soi des faits de nature stylistique, mais la littérature vient en exploiter les interstices pour les mettre au service de ses intérêts propres. Le «Hasard» de la langue fait que dans le domaine de la détermination nominale certaines combinaisons sont exclues, certaines «cases» vides : le pluriel avec un substantif non-comptable, l'antéposition d'un adjectif classifiant, le singulier avec des noms à référent intrinsèquement pluriel, etc. Ces positions inoccupées sont investies, au prix de recatégorisations sémantiques propices, au discours littéraire. On ne peut donc pas parler ici de «langue littéraire» : il ne s'agit que de l'utilisation de certaines cases laissées vacantes par la structure grammaticale.

LECTURES CONSEILLÉES

DELOMIER D.

1980 - «La place de l'adjectif en français», *Cahiers de lexicologie*, 1980-II.
(Article de synthèse qui donne accès à la bibliographie sur ce sujet.)

KERBRAT-ORECCHIONI C.

1980 - *L'énonciation, de la subjectivité dans le langage*, Paris, A. Colin,
p. 70-100.
(Étude systématique des phénomènes évaluatifs dans la langue, et en
particulier des adjectifs.)

MILNER J.-C.

1978 - *De la syntaxe à l'interprétation*, Paris, Le Seuil, chap. VII et VIII.
(Les phénomènes de non-classifiance sont intégrés à un cadre
théorique plus vaste. Ouvrage brillant qui connecte des phénomènes
habituellement traités séparément.)

TRAVAUX

• *Étudiez du point de vue de la classifiance les groupes nominaux
soulignés (procédez à une analyse linguistique précise)* :

- Des fumées montaient de certains coins, s'étalant, noyant les
fonds d'*un voile bleuâtre.*

(Zola, *l'Assomoir*)

- Une jeune fille venait d'entrer. Sous *un voile bleuâtre* lui
cachant la poitrine et la tête, on distinguait les arcs de ses yeux.

(Flaubert, *Hérodias*)

- Les sommets des montagnes de la Sabine apparaissent alors de
lapis-lazuli et d'opale, tandis que leurs bases et leurs flancs sont
noyés dans *une vapeur d'une teinte violette et purpurine.*

(Chateaubriand, *Lettre sur la campagne romaine*)

- Dans le jardin, *une lueur de braise,* tombée des lanternes
vénitiennes, éclairait.

(Zola, *Nana*)

- La *Marie* projetait sur l'étendue une ombre qui... paraissait
verte au milieu de ces surfaces polies reflétant *les blancheurs du
ciel.*

(P. Loti, *Pêcheur d'Islande*)

- Hors du demi-jour seules sortaient les *pâleurs des mains, des
visages, des genoux.*

(Montherlant, *la Relève du matin*)

• *Comment analyseriez-vous le sens d'une gloire dans cette phrase :*

> Le soleil, s'abaissant vers les coteaux de Meudon, venait d'écarter les derniers nuages et de resplendir. *Une gloire* enflamma l'azur.

(Zola, Une page d'amour)

• *Même question pour les groupes nominaux soulignés dans cette phrase de Flaubert :*

> Jamais il n'avait vu *cette splendeur de sa peau brune, la séduction de sa taille*, ni *cette finesse des doigts* que la lumière traversait.

(l'Éducation sentimentale)

• *En prenant en compte les divers facteurs évoqués dans ce chapitre, commentez la place occupée par les adjectifs dans les extraits suivants :*

> - Lorsqu'il s'éveilla de grand matin dans la chambre de l'auberge, le soleil avait allumé les dessins rouges du rideau noir. Des ouvriers agricoles, dans la salle du bas, parlaient fort en prenant le café du matin : ils s'indignaient, en phrases rudes et paisibles, contre un de leurs patrons. Depuis longtemps sans doute Meaulnes entendait, dans son sommeil, ce calme bruit. Car il n'y prit point garde d'abord. Ce rideau semé de grappes rougies par le soleil, ces voix matinales montant dans la chambre silencieuse, tout cela se confondait dans l'impression unique d'un réveil à la campagne, au début de délicieuses grandes vacances.

(Alain-Fournier, le Grand Meaulnes, chapitre XV)

> - Le poumon malade y respire une bienfaisante fraîcheur, la vue s'y repose sur des touffes dorées qui communiquent à l'âme leurs paisibles douceurs.

(Balzac, le Lys dans la vallée)

> - O mon amie au sourire et au rire léger, aux yeux qui rient, aux grands yeux, petite rieuse bouche, oui, souriantes lèvres ! dans l'ombre gisent les confus jardins, sous le ciel clair, et c'est sa jolie tête blonde, moqueuse et petitement juvénile, fin nez, mignonne face, fins blonds cheveux, blanche fine peau, enfant qui sourit et me rit et me moque et nous nous chérissons.

(Édouard Dujardin, les Lauriers sont coupés, chap. IV)

• *Dans ce passage le philosophe Gaston Bachelard réfléchit sur «l'image d'une eau laiteuse». Vous travaillerez sur ce texte à deux niveaux différents : en premier lieu pour considérer l'interprétation des groupes nominaux à adjectifs (en termes de classifiance) ainsi que la position des adjectifs par rapport aux noms ; ensuite pour confronter l'approche psychologique développée par ce texte et l'approche linguistique.*

Quelle est donc au fond cette image d'une eau laiteuse ? C'est l'image d'une nuit tiède et heureuse, l'image d'une matière claire et enveloppante, une image qui prend à la fois l'air et l'eau, le ciel et la terre et qui les unit, une image cosmique, large, immense, douce. Si on la vit vraiment, on reconnaît que ce n'est pas le monde qui est baigné dans la clarté laiteuse de la lune, mais bien le spectateur qu'il baigne dans un bonheur si physique et si sûr qu'il est le plus ancien bien-être, la plus douce des nourritures. Aussi, jamais le lait de la rivière ne sera glacé. Jamais un poète ne nous dira que la lune d'hiver verse une lumière laiteuse sur les eaux. La tiédeur de l'air, la douceur de la lumière, la paix de l'âme sont nécessaires à l'image. Voilà les composantes matérielles de l'image. Voilà les composantes fortes et primitives. La blancheur ne viendra qu'après. Elle sera déduite. Elle se présentera comme un adjectif amené par le substantif, après le substantif. Dans le règne des rêves, l'ordre des mots qui veut qu'une couleur soit blanche comme du lait est trompeur. Le rêveur prend d'abord le lait, son œil ensommeillé en voit ensuite quelquefois la blancheur.

(l'*Eau et les rêves*, Paris, José Corti)

• *A la lumière de ce que nous avons vu de certains procédés stylistiques fréquemment employés par les romanciers naturalistes, commentez cette affirmation de Zola : «Il y a une logique pour la composition et le style qui n'est en somme que la logique même des faits et des idées.» (Les romanciers naturalistes).*

7. Les connecteurs argumentatifs

Jusqu'ici nous avons abordé la dimension énonciative du langage essentiellement à partir des embrayeurs. Ce faisant, nous avons laissé dans l'ombre la problématique des **actes de langage**, qui est au centre des théories pragmatiques[1]. Les innombrables travaux qui se réclament de la **pragmatique** linguistique ont pour mot d'ordre le refus de ce que le philosophe anglais J.-L. Austin, initiateur de la réflexion sur les actes de langage, appelle «l'illusion descriptive»[2]. Parler, ce n'est pas seulement transmettre des informations décrivant le monde, c'est aussi *effectuer des actes* soumis à des règles et dont la visée est de modifier la situation, les comportements ou les croyances du destinataire. Ce dernier, de son côté, ne peut prétendre avoir compris l'énoncé que s'il restitue la valeur d'acte attachée à lui.

Si ces «actes de langage» intéressent la linguistique, c'est parce qu'il s'agit d'actes accomplis *en disant* quelque chose, d'actes qu'Austin appelle **illocutoires**. On ne confondra donc pas cet aspect illocutoire avec *le fait de dire* quelque chose (acte *locutoire*) ni avec les effets que je peux chercher à provoquer dans la réalité en effectuant un acte illocutoire. Supposons que je pose une question à quelqu'un ; pour ce faire je produis un énoncé linguistiquement bien formé (acte locutoire) ; j'accomplis également un acte illocutoire (questionner, c'est modifier les relations avec le co-énonciateur en le plaçant devant l'alternative : répondre/ne pas répondre.) J'accomplis enfin un acte *perlocutoire* si je me sers de mon énonciation par exemple pour détourner l'attention de mon interlocuteur, pour lui signaler ma présence, pour l'embarrasser, etc.

---

1. Sur le problème des «actes de langage» on peut consulter le livre de F. Récanati *Les énoncés performatifs* (Paris, Éd. de Minuit, 1981) qui s'efforce de faire le point sur ce sujet.
2. Voir *Quand dire c'est faire*, Paris, 1970 (trad. fr. de *How to do things with words*, Oxford, 1962).

Parmi les actes illocutoires les phénomènes d'**argumentation** constituent un domaine privilégié pour la réflexion pragmatique. Il s'agit, en effet, par l'argumentation d'influer sur autrui en demeurant à l'intérieur du discours. C'est ainsi que pour D. Ducrot et J.-C. Anscombre argumenter c'est «présenter un énoncé E₁ (ou un ensemble d'énoncés) comme destiné à en *faire admettre* un autre (ou un ensemble d'autres) E₂»[1] à un interlocuteur. Le verbe «présenter» a ici une grande importance : l'énonciateur qui argumente ne dit pas E₁ *pour que* le destinataire pense E₂, mais il présente E₁ comme devant normalement amener son interlocuteur à conclure E₂ ; il définit donc un certain cadre à l'intérieur duquel l'énoncé E₁ conduit à conclure E₂ et l'impose au destinataire.

Une telle définition est cependant insuffisante pour mettre en évidence ce qu'a de particulier l'argumentation langagière, celle qui s'exerce dans l'usage ordinaire de la langue. Le point décisif est qu'il existe des contraintes *spécifiquement linguistiques* pour régler la possibilité de présenter un énoncé comme un argument en faveur d'un autre. Considérons ces deux énoncés :

(1) Jean n'a pas vu tous les films de Godard
(2) Paul a vu quelques films de Godard

D'un point de vue strictement informatif il est tout à fait possible que Jean ait vu beaucoup plus de films de Godard que Paul. Pourtant, et c'est là l'élément crucial, d'un point de vue *argumentatif* il apparaît une divergence inattendue entre (1) et (2) : (1) est orienté vers une conclusion «négative» (par exemple : «il ne pourra pas écrire pour la revue») tandis que (2) permet d'enchaîner sur une conclusion «positive» (par exemple : «il nous sera utile»). La structure linguistique (en l'occurrence le fait d'employer *ne... pas tous* ou *quelques*) contraint l'argumentation *indépendamment de l'information proprement dite* véhiculée par les énoncés. On est ici fort loin des démonstrations de type logico-mathématique.

Parmi les faits linguistiques pertinents pour l'étude de l'argumentation, l'attention a été immédiatement attirée vers un

---

1. *L'argumentation dans la langue*, 1983, p. 8. Nous nous référons ici aux travaux de Ducrot et Anscombre parce que ce sont eux qui ont développé cette problématique le plus systématiquement, à partir des recherches que Ducrot mène depuis presque une vingtaine d'années (voir O. Ducrot, *Dire et ne pas dire, Principes de sémantique linguistique*, Paris, Hermann, 1972).

certain nombre de mots, plus précisément de **connecteurs**, que l'analyse sémantique traditionnelle négligeait. Dans la mesure où l'on s'intéressait surtout aux mots «pleins», des unités comme *mais, tiens !, même* etc. ne pouvaient qu'être délaissées. Il en va tout autrement dans l'étude de l'argumentation, qui voit dans ces éléments au fonctionnement aussi efficace que discret un des rouages essentiels de la persuasion langagière.

Ces connecteurs, comme leur nom l'indique, possèdent une double fonction :

- 1) ils *lient* deux unités sémantiques ;

- 2) ils confèrent un *rôle* argumentatif aux unités qu'ils mettent en relation.

Nous parlons ici d'«unités sémantiques», et non d'«énoncés». Cette imprécision est volontaire. Il est vrai que ces connecteur sont pour fonction essentielle de lier des énoncés, mais ce n'est pas toujours le cas, loin s'en faut. Le propre de ces connecteurs linguistiques, à la différence des connecteurs logiques, c'est justement de pouvoir lier des entités hétérogènes : un énoncé et une énonciation, un fait extralinguistique et un énoncé, un élément implicite et un élément explicite, etc.

Plutôt que de demeurer dans les généralités venons-en à un exemple, emprunté au *Jeu de l'amour et du hasard*, de Marivaux :

> MARIO, riant : Ah ! ah ! ah ! ah !
> MONSIEUR ORGON : De quoi riez-vous, Mario ?
> MARIO : De la colère de Dorante qui sort, et que j'ai obligé de quitter Lisette.
> SILVIA : Mais que vous a-t-il dit dans le petit entretien que vous avez eu en tête-à-tête avec lui ?
>
> (Acte III, scène IV)

Nous reviendrons plus amplement sur la fonction de *mais* ; pour le moment on se contentera de dire que dans une séquence «E_1 mais E_2» E_1 est présenté comme un argument tendant vers une certaine conclusion, implicite, et qu'E_2 présente un argument censé plus fort en faveur de la conclusion contraire. Or dans notre exemple on ne peut pas dire que le *mais* de Silvia lie deux *énoncés* associés à des arguments de sens contraires : en quoi le contenu de la réplique de Mario qui précède peut-il constituer un argument allant dans un sens opposé à la question de Silvia ?

En fait, il semble qu'il faille interpréter l'argumentation de Silvia de la manière suivante : «le fait que vous me parliez de la colère de Dorante tend à faire croire que cela m'intéresse ; en réalité, vous vous trompez, car le fait que je pose la question qui suit *mais* montre au contraire que c'est autre chose qui m'intéresse, à savoir ce que vous a dit Dorante.» On le voit, l'enchaînement porte ici sur *le fait de dire* telle chose, sur l'énonciation de Mario, et non sur le contenu de l'énoncé. *Mais* vise la prétention de Mario à poursuivre la conversation dans la direction où il l'a lancée. Le conflit porte sur l'exercice même de la parole : en ouvrant sa question par *mais* Silvia conteste le *droit* que s'arroge Mario d'imposer son discours, et légitime du même coup son propre droit à prendre la parole, à réorienter le discours. On met ainsi en évidence une donnée importante : *l'activité de parole est sous-tendue par un réseau de normes implicites*, une sorte de juridiction langagière sur laquelle s'appuient les énonciateurs pour argumenter.

Outre le poids de l'implicite dans ce mouvement argumentatif et la nature particulière des unités sémantiques qu'il connecte, on doit insister sur le caractère variable de la dimension des unités concernées. Si l'élément E_2 dans notre exemple coïncide avec une entité syntaxique nettement délimitée, à savoir la question de Silvia, l'élément E_1, en revanche, a des contours plus imprécis : il s'agit de l'ensemble des répliques précédentes, c'est-à-dire un ensemble textuel, non une entité proprement syntaxique. Il peut même arriver que l'une ou l'autre des entités connectées ne se trouve pas en contact immédiat avec le connecteur. Cela accroît naturellement la complexité du processus interprétatif.

A considérer un exemple comme celui que nous venons d'emprunter à Marivaux, qui n'a pourtant rien d'exceptionnel, on ne peut qu'être frappé par la subtilité de ces phénomènes argumentatifs, si profondément enfouis dans le tissu langagier qu'ils échappent à une appréhension immédiate. Le destinataire se trouve nécessairement engagé dans des mécanismes interprétatifs qui excèdent la conception naïve qu'on se fait habituellement de la compréhension d'un énoncé. Avec des noms ou des adjectifs on peut à la rigueur admettre qu'il suffise de comprendre leur signifié et de le moduler par le contexte pour accéder à leur signification, mais avec les phénomènes que nous considérons en ce moment cette démarche est par définition stérile. Le «signifié» de *mais* dans un dictionnaire, ce ne peut pas être un ensemble de traits sémantiques permettant de sélectionner un référent dans le monde, mais plutôt une sorte de «mode d'emploi» indiquant comment procéder pour reconstruire la connexion argumentative établie par telle ou telle énonciation particulière. Or ce travail de reconstruction n'a rien d'évident ; pour *mais* le destinataire sait qu'il lui faut dégager deux entités sémantiques, E_1 et E_2, une conclusion implicite qu'appuie E_1, mais il lui est impossible de connaître à l'avance la nature de ces entités, leur place, leur dimension... Le processus interprétatif peut même échouer si le destinataire ne parvient pas à faire une lecture cohérente ou ne peut trancher entre plusieurs solutions.

La diversité des connecteurs à fonction argumentative est fort grande et les études qui leur sont consacrées déjà nombreuses. Plutôt que de tenter de dérouler un catalogue de ces connecteurs (catalogue prématuré, au demeurant, dans l'état actuel des connaissances), nous avons choisi de nous limiter à quelques éléments et d'en éclairer le fonctionnement sur des contextes littéraires significatifs. Nous espérons ainsi faire comprendre de quel secours ce type d'approches peut être dans l'analyse des œuvres. Étant donné ce que nous avons dit du processus interprétatif, on comprendra que chaque emploi pose des problèmes spécifiques : à partir d'un invariant de base, les connecteurs argumentatifs déploient des effets de sens originaux dans les contextes singuliers où ils s'insèrent.

Dans les pages qui suivent nous allons être amené à faire une place prépondérante aux exemples puisés dans le répertoire théâtral. Ce n'est évidemment pas un hasard. A la différence de la littérature narrative, le théâtre offre le spectacle de scènes d'interlocution véritable, où les énonciateurs s'affrontent. Certes, il n'en va pas autrement dans les autres genres de discours, mais dans la littérature dramatique les stratégies argumentatives se développent avec une netteté particulière.

• MAIS

Les emplois canoniques

Ce connecteur est indubitablement celui qui a été le plus étudié. Cela s'explique à la fois par sa fréquence et par le lien essentiel qu'il entretient avec l'implicite[1].

---

1. Sur *mais* voir J.-C. Anscombre et O. Ducrot : «Deux MAIS en français», *Lingua* n° 43, 1977 ; O. Ducrot *et al.* : *Les mots du discours, op. cit.*, chap. 3.

Il convient tout d'abord de distinguer deux *mais*, dont le premier seul va nous retenir : le *mais* de réfutation et le *mais* d'argumentation. Dans cette réplique d'Ulysse on trouve une illustration de ces deux termes :

> (...) Je suis sincère, Hector... Si je voulais la guerre, je ne vous demanderais pas Hélène, *mais* une rançon qui vous est plus chère... Je pars... *Mais* je ne peux me défendre de l'impression qu'il est bien long, le chemin qui va de cette place à mon navire.

> (J. Giraudoux, *La guerre de Troie n'aura pas lieu*, II, XIII)

Le premier *mais* est réfutatif ; il suppose la mise en scène dans un mouvement énonciatif unique d'une sorte de dialogue qui associe négation et rectification. Ici Ulysse réfute son propre énoncé, mais le plus souvent ce connecteur permet de réfuter l'énoncé d'un autre locuteur. Le second *mais* possède une valeur différente, même si à un niveau profond les deux *mais* présentent de fortes affinités. O. Ducrot paraphrase ainsi la valeur de ce second *mais* : «(...) en énonçant "P mais Q" un locuteur dit à peu près ceci : "oui, P est vrai ; tu aurais tendance à en conclure r ; il ne le faut pas, car Q (Q étant présenté comme un argument plus fort pour non-r que n'est P pour r)".» Sur notre exemple P serait «Je pars», Q «Je ne peux pas me défendre etc.» ; quant à la conclusion implicite r, ce serait quelque chose comme : «il n'y aura pas de guerre», ou tout simplement «la guerre de Troie n'aura pas lieu».

En effet, en disant P, Ulysse donne un argument en faveur de r («puisque je pars vous allez penser que le conflit est évité») et présente ensuite Q comme un argument plus fort que le précédent. On notera la subtilité du procédé : Ulysse ne dit pas explicitement que la tendance qui pousse à la guerre est la plus forte, il le laisse seulement entendre. Ce n'est pas par hasard si une «impression», un sentiment irrationnel est présenté comme plus convaincant que ce fait objectif, apparemment décisif, qu'est le départ d'Ulysse avec Hélène. Toute la pièce repose précisément sur l'idée qu'il existe une puissance mystérieuse, fatale, qui pousse à la destruction en dépit de toutes les garanties dont peuvent s'entourer les gouvernements. En opposant une impression à un fait pour donner l'avantage à la seconde ce *mais* cristallise à son niveau le nœud même de l'œuvre. C'est à Hector, destinataire d'Ulysse, et au-delà au spectateur qu'il revient de reconstruire ce mécanisme argumentatif et de découvrir à un second niveau une conclusion implicite : «le fait que je pose mon impression comme plus forte que les actes que nous accomplissons implique une certaine conception de la fatalité.» Cette dernière conclusion n'est pas celle que suppose directement le *mais* ; elle découle de l'énonciation même de ce *mais*.

Le fonctionnement du «P mais Q» argumentatif peut être synthétisé dans une sorte de carré :

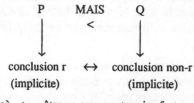

où < = «être un argument moins fort»
→ = «être un argument en faveur de»
↔ = «être contradictoire avec»

Signalons toutefois que récemment[1] O. Ducrot a suggéré de remplacer l'idée d'un argument «plus fort» qu'un autre par celle-ci : en disant «P mais Q» le locuteur déclare qu'il néglige P pour ne s'appuyer que sur Q, la force supérieure de Q n'étant qu'une justification de cette décision de négliger P.

Dans le cas, fréquent, où *mais* se trouve associé à *certes* on peut recourir à une analyse qui fait intervenir la «polyphonie»[2]. En effet, quand un locuteur déclare «certes P, mais Q» il attribue P à un objecteur qu'il met en scène dans son discours et dont il rejette le point de vue au profit de Q. On assiste donc à l'affrontement entre deux «énonciateurs» successifs argumentant dans des directions opposées. Le «locuteur» se dit d'accord avec l'«énonciateur» de P mais s'en distancie. Dans ce mouvement il assimile son allocutaire à l'«énonciateur» de P, celui à qui il fait une concession, pour s'assimiler lui-même à l'«énonciateur» de Q. Ce processus est bien illustré dans ce passage où le Docteur Pascal explique ses théories biologiques à sa nièce Clotilde :

> *Certes*, oui, reprit-il à demi-voix, les races dégénèrent. Il y a là un véritable épuisement, une rapide déchéance, comme si les nôtres, dans leur fureur de jouissance, dans la satisfaction gloutonne de leurs appétits, avaient brûlé trop vite (...) *Mais* il ne faut jamais désespérer, les familles sont l'éternel devenir.
>
> (Zola, *le Docteur Pascal*, chapitre V)

---

1. *Cahiers de linguistique française*, n° 5, 1983, publiés par l'Université de Genève, p. 9.
2. Voir Ducrot, *Le dire et le dit, op. cit.*, p. 230.

Dans ce contexte la séquence qui suit *certes* est attribuée à un «énonciateur», le ON de la rumeur publique (c'est un cliché de l'époque) auquel l'allocutaire, Clotilde, est assimilé. Cet allocutaire immédiat renvoie à un autre, le lecteur lui-même, convié à assister à la leçon du Docteur. Glissement d'autant plus aisé que Clotilde joue le rôle de l'élève candide qui demande à s'instruire et que le lecteur participe du ON qui soutient la séquence P.

Les deux exemples que nous venons de considérer constituent des emplois particulièrement clairs de *mais*, où le connecteur porte sur deux énoncés explicites. Il n'en va pas toujours ainsi, comme on a pu s'en rendre compte avec le «mais que vous a-t-il dit... ?» de Silvia. Dans les corpus empruntés aux conversations de théâtre on rencontre énormément d'exemples dans lesquels les locuteurs intègrent les actes d'énonciation, voire la situation extra-linguistique dans leur argumentation. En étudiant deux scènes d'*Occupe-toi d'Amélie* de G. Feydeau, O. Ducrot et ses collaborateurs ont ainsi pu mettre en évidence la variété des emplois de *mais*, aboutissant au tableau suivant, où X et Y désignent les interlocuteurs[1] :

I. *Mais* est à l'intérieur d'une réplique d'un locuteur X :
> X : P mais Q

II. *Mais* est en tête de réplique et introduit un Q explicite :
> X : mais Q

Cela peut correspondre à plusieurs situations :

A. *Mais* enchaîne avec une réplique P d'un locuteur Y et marque l'opposition de X :
> Y : P
> X : mais P

a) à l'acte d'énonciation de Y disant P
b) aux conclusions que Y tire de P (bien que X admette la vérité de P)
c) à la vérité de P

B. *Mais* enchaîne avec du non-verbal et marque l'opposition de X :
> X : mais Q

a) à un comportement du destinataire ;
b) à une situation ;
c) à ses propres réactions.

---

1. *Les mots du discours*, *op. cit.*, chapitre 3, p. 99.

III. Mais est en tête de la réplique et n'introduit pas de Q explicite :

X : *mais...*

Nous ne pouvons pas proposer un exemple pour chacune de ces rubriques ; le *mais* de Silvia relève du II.A.a. Donnons néanmoins une illustration de II.B. :

(Tout le monde écoute un disque. Bibichon chantonne, dérangeant les autres. On le lui reproche ; il se justifie «Je chantonnais discrètement, je ne pensais pas que…»)

YVONNE : *Mais* tais-toi donc !

Les auteurs de l'étude rangent ce *mais* en II.B.a., considérant donc que le *mais* s'oppose non à la réplique de Bibichon mais à son comportement, au bruit qu'il fait. Processus sémantique qui pourrait se paraphraser ainsi : «tu fais du bruit depuis un certain temps ; n'en conclus pas que cela pourra continuer, car je t'ordonne de te taire.»

Ici, comme dans l'exemple de Marivaux, le *mais* sert à contester les prétentions associées à l'activité énonciative d'un locuteur : prétention de Mario à parler de ce qui n'intéresse pas Silvia, de Bibichon à parler au lieu de se taire. «Tout acte de parole est compris comme comportant des prétentions ; prétentions d'une part à être légitime, à avoir le droit d'être accompli, bref à être autorisé, et d'autre part à faire autorité, c'est-à-dire à infléchir les opinions ou les comportements verbaux ou non verbaux du destinataire[1].»

Ce type d'analyse peut sembler bien minutieux, inutilement précis pour étudier une pièce de théâtre. C'est indéniable si l'on prend pour point de référence les explications de texte traditionnelles ; mais si l'on donne à la notion de *langage dramatique* sa pleine valeur il en va fort différemment. L'activité langagière au théâtre ne saurait être appréhendée comme un simple «instrument» de communication au service des péripéties du drame, elle est partie intégrante de ce drame. C'est à travers leurs paroles que se confrontent les personnages, les relations s'établissent et évoluent non *au moyen du* langage mais *dans* le langage. Les moments où un personnage tente d'imposer son cadre énonciatif n'ont rien d'accessoire, ils sont l'action

---

1. *Les mots du discours*, p. 126.

dramatique elle-même. C'est particulièrement net pour des auteurs comme Racine ou Marivaux, chez qui les péripéties, les rebondissements passent au second plan.

Le «mais... » de Zadig

Le célèbre «mais...» en suspens qui clôt le chapitre XVII du *Zadig* de Voltaire n'est si fameux que parce qu'il cristallise une bonne part des thèses de l'œuvre, et de ses ambiguïtés. Dans ce chapitre l'ange envoyé par Dieu pour défendre les théories de Leibnitz se justifie d'avoir noyé un enfant innocent et mis le feu à la maison de son bienfaiteur :

> «Tout ce que tu vois sur le petit atome où tu es né devait être dans sa place et dans son temps fixe, selon les ordres immuables de celui qui embrasse tout. Les hommes pensent que cet enfant qui vient de périr est tombé dans l'eau par hasard, que c'est par un même hasard que cette maison est brûlée : *mais* il n'y a point de hasard ; tout est épreuve, ou punition, ou récompense, ou prévoyance... Faible mortel, cesse de disputer contre ce qu'il faut adorer. - Mais, dit Zadig...» Comme il disait *mais*, l'ange prenait déjà son vol vers la dixième sphère. Zadig, à genoux, adora la Providence, et se soumit. L'ange lui cria du haut des airs : «Prends ton chemin vers Babylone.»

Nous n'avons pas cité *in extenso* le discours de l'Ange. Si nous l'avions fait on aurait pu voir que le *mais* ultime se trouve dans le prolongement de deux autres, par lesquels Zadig avait introduit des objections aux arguments de l'envoyé de Dieu. La discussion est d'ailleurs résumée dans le *mais* de l'Ange («les hommes pensent... *mais* il n'y a point de hasard...») qui oppose les fausses croyances des hommes à la vérité divine.

En disant «mais...» Zadig enfreint l'ordre de l'Ange («Faible mortel, cesse de disputer contre ce qu'il faut adorer»), si bien que son énonciation apparaît foncièrement ambiguë. Conteste-t-il l'interdiction de l'Ange ? dans ce cas il s'en prend au diktat imposé à la raison humaine. Conteste-t-il, comme dans ses *mais* précédents, le contenu de la thèse selon laquelle tout obéit à la Providence ? En l'absence d'éléments explicites à droite de *mais*, rien ne permet de trancher et l'on doit accepter les deux lectures.

Les choses sont même encore plus complexes. Nous supposons pour le moment que si le *mais* reste en suspens c'est parce que Zadig allait effectivement dire quelque chose. Il existe dans la langue courante de nombreux emplois de *mais* destinés à rester en suspens et qui marquent seulement une attitude de refus. Dans ce cas Zadig profère son *mais* en quelque sorte «pour l'honneur», n'ayant pas d'argument à opposer à l'Ange mais désireux de lui signifier son refus. Par là il indiquerait que l'homme ne peut pas se résigner au sort qui lui est fait ; même si sa raison est impuissante à argumenter il y va de sa dignité de marquer l'ouverture d'une argumentation en faveur de la thèse contraire (on songe ici à l'attitude revendiquée par Camus dans *le Mythe de Sisyphe*.)

Si en revanche on admet que Zadig allait parler et a été interrompu, une autre ambiguïté surgit : l'Ange s'en va-t-il parce qu'il a terminé sa mission et ne s'occupe plus de Zadig ou pour esquiver des objections auxquelles il est bien incapable de répondre ? Cette incapacité serait liée au fait qu'il a dû recourir à l'argument d'autorité pour mettre un terme à une discussion qui tournait au désavantage de la Providence. Le texte ne permet pas de choisir entre ces deux interprétations, puisque «l'ange prenait déjà son vol» ne dit rien sur les motifs de l'ange. D'une manière ou d'une autre, les points de suspension du *mais* de Zadig constituent le pendant de ceux qui sont inscrits dans le discours du messager céleste : interrompant son argumentation, il était passé à l'injonction pure et simple («cesse de disputer»).

La phrase qui suit le «mais...» ne permet pas d'opter de façon définitive pour telle ou telle interprétation. On ne peut d'abord pas exclure que l'auteur recoure ici à l'ironie : un Zadig à genoux adorant une Providence aux décisions aussi iniques, c'est là un changement d'attitude qui laisse perplexe. Si l'on admet que l'énoncé n'est pas ironique il demeure néanmoins ambigu. Il est en effet passible d'une lecture «de l'intérieur» et d'une lecture «de l'extérieur». Selon la première Zadig adore et se soumet dans son cœur ; selon la seconde on nous décrit seulement ses gestes, sans tenir compte des sentiments du personnage. Cela tient à ce que les verbes *adorer* et *se soumettre*, comme beaucoup d'autres, sont interprétables de deux manières, l'une «psychologique», l'autre «pragmatique». Dans un cas «se soumettre » signifie simplement que le sujet accomplit un certain nombre de gestes marquant la soumission (se mettre à genoux, prononcer certaines formules dans un certain cadre institutionnel), sans que l'on sache rien de ses états d'âme réels. Dans cette interprétation «pragmatique» on

retrouve la problématique de la «délocutivité» d'E. Benveniste[1] :
saluer, par exemple, est un verbe «délocutif» parce qu'il signifie
«dire : *salut* !» et en dérive ; de la même manière «se soumettre»
signifierait «dire : *je me soumets*».

Il ne faudrait cependant pas négliger la position du lecteur dans
l'analyse de ce «mais» ouvert. Ce dernier possède, en effet, un
double statut. D'un côté, il définit un certain rapport du
personnage au discours de l'ange, de l'autre il offre au lecteur une
case vide, celle d'un argument contraire plus fort, qu'il peut
remplir comme il l'entend. Le *mais* indique qu'il faut en droit
supposer la présence d'un tel argument, tandis que les points de
suspension sont là pour dire que cet argument *n'a pas pu* être
sélectionné. Selon la manière dont on interprétera cette
impossibilité on aura autant d'interprétations différentes
susceptibles de combler la béance.

Un «mais» romanesque

L'emploi de *mais* que nous allons considérer à présent est lié à
la technique narrative. Ici la valeur argumentative est mise au
service des conventions du roman réaliste :

> (Un journaliste, Fauchery, fait visiter à un jeune
> provincial, La Faloise, un théâtre parisien pendant
> l'entracte).

> En haut, dans le foyer, trois lustres de cristal brûlaient avec
> une vive lumière. Les deux cousins hésitèrent un instant : la
> porte vitrée, rabattue, laissait voir, d'un bout à l'autre de la
> galerie, une houle de têtes que deux courants emportaient dans
> un continuel remous. Pourtant, ils entrèrent. Cinq ou six
> groupes d'hommes, causant très fort et gesticulant, s'entêtaient
> au milieu des bourrades ; les autres marchaient par files,
> tournant sur leurs talons qui battaient le parquet ciré. A droite et
> à gauche, entre des colonnes de marbre jaspé, des femmes assises
> sur des banquettes de velours rouge, regardaient le flot passer
> d'un air las, comme alanguies par la chaleur ; et, derrière elles,
> dans de hautes glaces, on voyait leurs chignons. Au fond, devant
> le buffet, un homme à gros ventre buvait un verre de sirop.

1. *Problèmes de linguistique générale*, Paris, Gallimard, 1966, chap. 23.

> *Mais* Fauchery, pour respirer, était allé sur le balcon. La
> Faloise qui étudiait des photographies d'actrices, dans des cadres
> alternant avec les glaces, entre les colonnes, finit par le suivre.

> (Zola, *Nana*, chapitre 1)

De prime abord, ce *mais* pose problème, car on ne voit pas bien
de quelle façon il articule les deux paragraphes. Le premier se
présente comme une description particulièrement neutre qui, en
tant que telle, ne semble pas pouvoir constituer un «argument» en
faveur d'une «conclusion» implicite. Il en va de même pour le
second paragraphe, dont on ne comprend pas en quoi il dessine un
mouvement argumentatif contraire à celui du premier.

On peut néanmoins expliquer la présence de ce *mais* en faisant
appel moins à des «arguments» au sens strict qu'à des «attitudes».
Le mouvement se paraphraserait ainsi : le fait que l'on demeure un
certain temps à détailler le foyer du théâtre tend à faire penser
qu'on va poursuivre la description ; le *mais* intervient alors pour
contredire cette tendance et signifier que la visite continue, qu'on
va ailleurs. La narration glose ainsi sa propre démarche ; le *mais*
vient s'opposer à l'attitude d'un lecteur qui s'installerait en
quelque sorte dans la description du foyer et qu'il faudrait pousser
en avant[1].

Le lecteur n'est pas le seul impliqué ici ; les personnages
interviennent aussi, quoique discrètement. Le deuxième
paragraphe présente une forme d'«arrière-plan», *était allé*, qui
d'un point de vue aspectuel est un accompli. Cet accompli
suppose un repère (le moment où l'on découvre que Fauchery
n'est plus là), que le texte n'explicite pas. Ce regard qui s'aperçoit
soudain de la disparition de Fauchery ne peut être que celui de La
Faloise, qui perd le moins possible des yeux son guide. A cause
du *mais* et de cet accompli on est donc amené à réinterpréter
spontanément le premier paragraphe : bien que neutre en
apparence, la description n'était pas rapportée au narrateur, mais
au regard de La Faloise. La précision de cette description se trouve
dès lors justifiée par la curiosité du néophyte qui s'en va à
contrecœur (cf. «La Faloise... *finit par* le suivre»). L'attitude qui
consiste à vouloir prolonger la visite du foyer n'est dès lors pas
seulement un jeu entre le narrateur et le lecteur, elle passe par la

---

1. Ducrot recourt à ce type d'explications de *mais* dans «Analyses pragmatiques», *Commmunications* n° 32, 1980, p. 18.

subjectivité d'un personnage qui, après avoir vu ce que décrit le premier paragraphe, s'attarde à étudier des photographies.

C'est d'ailleurs un procédé constant chez Zola que de mettre en scène des personnages qui jouent le rôle de délégués du lecteur. Il s'agit pour le roman naturaliste de donner à voir l'univers social, d'ouvrir des encyclopédies, mais en intégrant la description au romanesque d'une histoire. Le personnage-délégué du lecteur contribue à faire fonctionner ce dispositif en participant des deux registres à la fois : ce même La Faloise qui n'est ici qu'un regard curieux constitue également un des personnages de l'histoire, appelé à devenir par la suite un des amants de Nana. L'utilisation du *mais* relève de la même stratégie. Arrachant en quelque sorte le personnage-lecteur à sa contemplation, le frustrant de détails supplémentaires, il permet au texte de faire d'une pierre deux coups : d'un côté, il développe une description précise (satisfait donc à son devoir encyclopédique), de l'autre, il feint de l'avoir interrompue prématurément (comme si c'était les intérêts du personnage qui seuls importaient). Cette manière de produire une description complète tout en prétendant qu'on l'a interrompue, qu'elle n'est apparue qu'au détour d'un regard intéressé, n'est pas sans faire songer à la «prétérition» rhétorique, qui consiste à dire ce qu'on dit ne pas dire («j'aurais pu vous parler de...», «je ne mentionne pas...», etc...). Ce faisant, le roman dénie ce qui le légitime : parcours pédagogique d'un catalogue, il n'a de cesse qu'il n'en ait effacé les traces.

Le *mais* joue également un rôle d'opérateur de transition, destiné à rendre plus aisé le passage d'un domaine à un autre, à effacer une discontinuité. Il se situe, en effet, sur une triple frontière :

- celle qui sépare un espace d'un autre, le foyer du balcon,
- celle qui sépare deux descriptions successives,
- celle qui sépare deux paragraphes.

La première concerne l'histoire racontée, la seconde sa narration, la troisième le texte en tant que tel, mais toutes trois coïncident en *mais*. On ne peut pas dire que ce connecteur dissimule la ligne de rupture ; il en change plutôt le statut. *Mais* distingue bien deux séquences pour les opposer (celle qui est concédée et celle qui est donnée comme plus forte), mais il s'agit d'une opposition *argumentative*, et non chronologique ou spatiale. La narration se masque ainsi en se retranchant derrière l'argumentation implicite d'un personnage.

Ce glissement va de pair avec la substitution d'un «chevauchement» à une juxtaposition bord à bord des deux domaines ; La Faloise et Fauchery ne sont pas transportés d'un domaine à un autre, mais La Faloise découvre soudain que Fauchery est déjà parti au balcon :

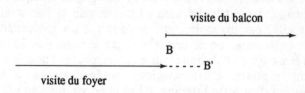

Le segment B - B' désigne le prolongement de la visite-description que La Faloise était en droit d'attendre et que le départ de Fauchery a rendu impossible. Ce chevauchement a en quelque sorte pour effet d'euphémiser la frontière.

De ce point de vue, la frontière la plus importante qu'ait à affronter le texte littéraire, c'est bien celle de son émergence, du surgissement de sa propre énonciation. Il existe de multiples manières d'euphémiser une telle frontière ; nous allons en évoquer deux qui ont en commun de feindre de montrer une action déjà en cours : plutôt que de souligner que le texte commence en faisant apparaître une action qui elle aussi commence sous les yeux du lecteur ou du spectateur, l'auteur s'efforce de faire oublier qu'il s'agit d'un début.

Ainsi la première réplique de *La double inconstance* de Marivaux s'ouvre-t-elle par un *mais* argumentatif, dont l'emploi implique la présence d'énoncés antérieurs :

> TRIVELIN : Mais, Madame, écoutez-moi.
> SILVIA : Vous m'ennuyez.

De même, dans ces premières lignes des *500 millions de la Bégum* de Jules Verne :

> «Ces journaux anglais sont vraiment bien faits !» se dit à lui-même le bon docteur en se renversant dans un grand fauteuil de cuir.

l'irruption *ex abrupto* d'un énoncé au discours direct rapporté à un personnage désigné comme «le bon docteur» précipite-t-elle le lecteur dans une action en cours. L'article défini («*le* bon docteur») est censé employé pour référer à une personne déjà connue du destinataire, il implique l'existence d'un univers connexe, accessible au lecteur, où cet individu aurait auparavant été introduit. De cette façon le texte fait semblant de *rappeler* ce qu'en réalité il *constitue*.

Dans cet exemple de Jules Verne cette simulation est compensée par le fait que le nom et l'adjectif («bon docteur») confèrent une caractérisation sociale et psychologique conséquente au personnage. La difficulté serait plus grande si l'on avait seulement «il», par exemple, qui renverrait à un antécédent absent : du personnage on ne connaîtrait que le sexe. Encore ne faut-il pas être dupe de l'illusion réaliste : on ne peut pas définir de norme en matière d'informations «nécessaires» à la compréhension d'un texte littéraire. Chaque œuvre institue elle-même les règles auxquelles elle se soumet.

• EH BIEN

Le connecteur *eh bien* que nous allons considérer maintenant est d'un type sensiblement différent. Il se présente en effet comme une interjection qui associe une fonction phatique[1] et une fonction argumentative. Cette association permet au locuteur de faire entrer son interlocuteur dans son jeu, de le forcer en quelque sorte à tirer une conclusion déterminée à l'avance.

L'analyse du rôle de ce connecteur proposée par C. Sirdar-Iskandar[2] s'articule en trois points :

1) Le locuteur réagit à une situation S, explicitée ou non, en produisant un énoncé Q introduit par *eh bien*. C'est de ce point de vue qu'*eh bien* constitue une interjection.

2) Q est présenté comme une suite *inattendue* de S. Le caractère «inattendu» tient à ce qu'il ne s'agit pas d'une éventualité normale eu égard aux croyances prêtées au destinataire ou à un tiers. On désignera par Q' ce qui était attendu à la place de Q.

3) Le locuteur signale l'enchaînement S - Q pour suggérer au destinataire une conclusion C.

---

1. Nous rappelons que R. Jakobson entend par «fonction phatique» la fonction qui consiste à établir ou maintenir le contact avec l'interlocuteur.
2. In *Les mots du discours*, chap. 5 : «*eh bien* ! le Russe lui a donné cent francs».

Le raisonnement que suppose l'interprétation d'*eh bien* peut se paraphraser ainsi : «tu penses que S a pour conséquence Q' et tu t'apprêtes à conclure de la relation S - Q' à la conclusion C' ; en fait, il ne le faut pas, car S est suivi de Q, ce qui amène à conclure C, conclusion contraire à C'.»

Q peut désigner trois choses différentes : l'acte d'énonciation, l'énoncé, le fait relaté par cet énoncé. Si avec *mais* c'étaient les conclusions qui étaient implicites, ici c'est Q' et C, autrement dit la suite normale et la conclusion. Il arrive même que la situation S soit implicite. On le voit, l'interprétation d'une séquence comportant *eh bien* exige un travail de reconstruction relativement complexe de la part du destinataire. Enfin, selon la manière dont la conclusion C est amenée, on distinguera deux cas :

1) C est suggéré directement par le fait que S ait eu Q pour suite ;
2) C est suggéré par le fait que S n'ait pas eu la conséquence attendue Q'.

Pour plus de clarté, nous allons immédiatement illustrer cette analyse à l'aide d'un exemple emprunté au *Père Goriot* :

> Cette première pièce exhale une odeur sans nom dans la langue, et qu'il faudrait appeler l'*odeur de pension*. Elle sent le renfermé, le moisi, le rance ; elle donne froid, elle est humide au nez, elle pénètre les vêtements ; elle a le goût d'une salle où l'on a dîné ; elle pue le service, l'office, l'hospice. Peut-être pourrait-elle se décrire si l'on inventait un procédé pour évaluer les quantités élémentaires et nauséabondes qu'y jettent les atmosphères catarrhales et *sui generis* de chaque pensionnaire, jeune ou vieux. *Eh bien* malgré ces plates horreurs, si vous le compariez à la salle à manger, qui lui est contiguë, vous trouveriez ce salon élégant et parfumé comme doit l'être un boudoir.

La situation S, c'est la description de la première pièce qui l'a définie, en montrant un salon particulièrement rébarbatif. La suite inattendue Q, c'est le fait que l'on trouve le salon «élégant et parfumé». On s'attendrait plutôt à une suite Q', énonçant qu'il est sale et nauséabond. La conclusion C (la pension est tellement sordide que ce qui est normalement répugnant passe ici pour élégant) se tire du fait que la situation S n'a pas eu la conséquence Q'. Dans ce passage le mouvement argumentatif est net : la présence de «malgré ces plates horreurs» souligne le caractère inattendu de Q, tandis que «si vous le compariez à la salle à manger» justifie le caractère surprenant de l'enchaînement.

L'énonciateur de ce *eh bien* n'est autre que le narrateur balzacien, dont la présence se manifeste sans cesse dans le récit.

On insiste souvent sur le fait que les descriptions de Balzac
tendent à ressembler à des inventaires de commissaire-priseur,
mais il ne faut pas oublier qu'il s'y établit une relation très vivante
entre narrateur et lecteur. Dans notre exemple ce narrateur joue en
décrivant avec les attentes de son lecteur. Le *mais* du texte de Zola
assurait une fonction comparable (faciliter la transition de la
description d'une pièce à celle d'une autre pièce), mais sur un
autre registre : alors que le *mais* rapportait la description au regard
intéressé d'un personnage-délégué du lecteur le *eh bien* interpelle
ce même lecteur directement. Là où Zola arrache le personnage à
sa contemplation, Balzac construit une attente pour la décevoir.

Sur un exemple de ce genre on perçoit clairement la pluralité de
fonctions que peut assumer un élément argumentatif dans un texte
littéraire. *Eh bien*, comme plus haut *mais,* mobilise non seulement
une analyse en termes strictement linguistiques mais une réflexion
sur la technique narrative : d'une part, il contribue à définir une
certaine relation entre les places de narrateur et de lecteur, d'autre
part il assure la transition entre deux étapes d'une description.
Faut-il ne voir là qu'un procédé destiné à mieux «faire passer» la
description, ou doit-on plutôt renoncer à subordonner les relations
énonciatives à la description ? Nous préférons la deuxième
perspective et admettrons que le récit romanesque est *d'un même
mouvement* représentation d'un monde et instauration d'une
relation entre instance narratrice et position de lecture.

Dans les dialogues de théâtre, comme c'est prévisible, les
valeurs de *eh bien* sont beaucoup plus près de celles qu'il a dans
les échanges linguistiques ordinaires. Pourtant, bien souvent, il
faut faire intervenir les conditions d'exercice du type de discours
théâtral concerné pour avoir une idée exacte des fonctions qu'il
peut assumer.

Nous allons considérer un emploi de *eh bien* qui implique de
manière cruciale les relations psychologiques entre les
personnages, y compris des processus inconscients. Dans cette
scène du *Jeu de l'amour et du hasard* (I, 7) Dorante, alias
Bourguignon, fait une cour pressante à Silvia, alias Lisette, qui en
est inconsciemment ravie mais affirme ne pas vouloir que Dorante
lui parle d'amour. Depuis le début de l'entretien elle fait mine de
ne pas vouloir prolonger la conversation pour ne pas entendre les
galanteries du jeune homme :

> DORANTE : Je me rappelle de t'avoir demandé si ta maîtresse te
> valait.

SILVIA : Tu reviens à ton chemin par un détour ; adieu !

DORANTE : Eh ! non, te dis-je, Lisette ; il ne s'agit ici que de mon maître.

SILVIA : *Eh bien*, soit ! je voulais te parler de lui aussi, et j'espère que tu voudras bien me dire confidemment ce qu'il est ; ton attachement pour lui m'en donne bonne opinion (...)

Toute cette scène repose sur le double jeu de Silvia, qui éprouve beaucoup de plaisir à se faire courtiser tout en feignant d'en être excédée, qui prolonge la conversation tout en répétant qu'elle va y mettre un terme. Ce jeu est rendu encore plus subtil par le fait qu'elle doit aussi se cacher *à elle-même* son propre plaisir. Dès lors, sa stratégie constante est de se décharger de la responsabilité de la faute qu'est pour elle le fait de converser avec le jeune homme.

L'emploi de *eh bien* s'inscrit précisément dans cette stratégie, contribuant à résoudre ce problème délicat. L'élément Q introduit par *eh bien* est *soit !*, qui marque l'acceptation du dialogue, ce dialogue que Silvia prétend refuser depuis le début de la scène. Elle «négocie» ainsi avec les deux exigences contradictoires : accepter de parler et se décharger de la responsabilité de cette acceptation. Ce mouvement pourrait s'analyser ainsi :

S : toute l'attitude antérieure de Silvia qui refuse l'échange avec Dorante

Q : l'énonciation de *soit !*, qui marque l'acceptation de l'échange

En disant *S eh bien Q* Silvia montre à elle-même et à Dorante que le fait qu'elle dise *soit !* constitue une suite «anormale» de S, que «normalement» on devrait avoir Q', c'est-à-dire le refus de la parole. De cette façon la jeune fille donne à entendre qu'elle n'agit pas par faiblesse mais en connaissance de cause. La justification vient d'ailleurs immédiatement : «je voulais te parler de lui aussi.» Ce faisant, elle indique qu'elle a bien la maîtrise de la parole. On pourrait donc proposer la paraphrase suivante de ce mouvement argumentatif : «ne crois pas que j'enfreigne la loi qui m'interdit de te parler ; ce que je fais en disant *soit !* est bien "anormal" du point de vue de cette loi, mais je le fais pour obéir à une autre loi, celle qui me prescrit de prendre des renseignements sur mon fiancé.» Discours adressé à elle-même autant qu'à Dorante.

A la lumière de ce type d'usages on prend la mesure de leur subtilité et de leur importance. Ils associent étroitement les normes liées à l'exercice de la parole à celles qui régissent les relations des personnages entre eux et l'image qu'ils entendent avoir d'eux-mêmes. Si l'on a réellement affaire à un «langage dramatique» c'est dans la mesure où le dialogue, loin de «traduire» des sentiments prééxistants, d'être au service de stratégies lucides, investit les personnages autant que ceux-ci l'investissent.

• CAR, PARCE QUE, PUISQUE

On considère spontanément ces connecteurs comme substituables, étant voués tous trois à marquer la «causalité». En fait, une étude plus attentive révèle qu'ils ne peuvent être employés indifféremment, qu'ils correspondent à des fonctionnements énonciatifs distincts. Dans un premier temps on opposera *parce que* à *car* et *puisque*, ensuite *car* à *puisque*[1].

P parce que Q est la seule des trois connections qui constitue une véritable subordination syntaxique, qui suppose un acte d'énonciation unique. Cette propriété peut être mise en évidence à l'aide de divers tests ; en particulier :

- à la question *pourquoi ?* on ne peut répondre qu'avec *parce que* ; *car* et *puisque* sont ici exclus ;

- seul *parce que* peut être enchâssé dans une structure clivée : *c'est parce qu'il est venu que je l'aime* ;

- *car* et *puisque* ne sauraient être enchâssés dans une interrogative : *est-ce qu'il est venu parce que (*car/puisque) nous l'avons invité ?* L'emploi de *car* ou *puisque* implique une division de la phrase en deux actes d'énonciation distincts.

Parce que sert à expliquer un fait P déjà connu du destinataire en établissant un lien de causalité ; c'est ce lien qui est posé par le locuteur et c'est sur lui que porte éventuellement l'interrogation, comme on vient de le voir. En revanche, l'emploi de *car* et *puisque* suppose que soient successivement proférés deux actes d'énonciation : on énonce d'abord P, puis on justifie cette énonciation en disant Q. Considérons ces quelques vers de Péguy :

1. Nous adoptons ici le point de vue développé par O. Ducrot *et al.* «Car, parce que, puisque», *Revue romane* 2-X, 1975, p. 248-280.

> Comme il sentait monter à lui sa mort humaine,
> Sans voir sa mère en pleur et douloureuse en bas,
> Droite au pied de la croix, ni Jean, ni Madeleine,
> Jésus mourant pleura sur la mort de Judas.
>
> *Car* il avait connu que le damné suprême
> Jetait l'argent du sang qu'il s'était fait payer (...)

> (*Jeanne d'Arc*, «A. Domremy», I, II)

Si l'on remplaçait *car* par *parce que* on changerait notablement la signification du texte. L'emploi de *car* ouvre une nouvelle énonciation, après un point et au début d'une autre strophe ; elle permet à l'auteur de *se justifier d'avoir dit* «Jésus mourant pleura sur la mort de Judas.» Justification nécessaire parce que cette affirmation va à l'encontre des sentiments humains ordinaires (comment peut-on pleurer sur qui vous livre à la mort ?) mais aussi peut-être parce que ce détail ne figure pas dans l'Évangile. On notera que l'explication donnée ici n'est pas sans équivoque telle qu'elle est formulée ; si le texte utilise *car*, ce n'est pas parce que les faits exigeraient un acte d'autojustification, mais c'est parce qu'il utilise *car* qu'il présente l'énonciation de P comme exigeant une justification. En employant *parce que*, il se serait contenté de faire porter son assertion sur la cause des pleurs de Jésus sur Judas, posés comme un fait déjà connu.

Ainsi, le seul fait d'employer *car*, de justifier son énonciation, implique-t-il que P puisse faire l'objet de quelque contestation : c'est la vérité de Q qui rend légitime l'énonciation de P. Quant à la relation de causalité entre P et Q, elle est donnée comme allant de soi. Plus exactement, on peut se justifier de deux façons en employant *car* :

1) en légitimant le droit d'énoncer comme on l'a fait ;
2) en donnant Q comme une raison de croire P vrai.

L'exemple de Péguy illustre la seconde possibilité ; en ce qui concerne la première, on peut l'illustrer avec ce fragment des *Provinciales*, qui parle de la notion théologique de «pouvoir prochain» :

> Heureux les peuples qui l'[= ce terme] ignorent ! heureux ceux qui ont précédé sa naissance ! *Car* je n'y vois plus de remède si MM. de l'Académie ne bannissent par un coup d'autorité ce mot barbare de Sorbonne qui cause tant de divisions.

> (Première lettre)

La présence de *car* est ici inintelligible si l'on ne comprend pas que le locuteur justifie son énonciation exclamative : l'absence de remède autre que l'Académie française ne saurait évidemment expliquer le fait que soient heureux les peuples qui ignorent le terme «pouvoir prochain». Cette propriété que possède *car* de pouvoir légitimer une énonciation lui permet d'enchaîner sur un ordre, une exclamation ou une interrogation ; ce qui est impossible avec *parce que*.

Puisque se rapproche de *car* en ce qu'il suppose lui aussi deux actes d'énonciation différents, mais en diffère notablement par sa dimension *polyphonique*. Dans *P car Q* c'est en effet le même «locuteur» qui prend en charge P et Q, tandis qu'avec *P puisque Q* la responsabilité du point de vue soutenu dans Q est attribuée à un «énonciateur» distinct, un ON qui, selon les cas, englobera le destinataire, la rumeur publique, tel groupe de personnes, le sujet parlant lui-même (considéré indépendamment de cette énonciation-ci). Avec *puisque* la vérité de Q est donc garantie par une instance autre que le «locuteur», une instance censée reconnue par le destinataire. Cela explique l'agrammaticalité de *car Q* dans cet exemple :

> -A : Paul va partir
> -B : Tout va changer puisque (*car) il part

La nécessité d'employer ici *puisque* s'explique par le fait que c'est à l'interlocuteur A qu'est imputée la responsabilité de *il part* ; or on a vu qu'avec *P car Q* le «locuteur» de Q était le même que celui de P.

Dans ce passage des *Confessions* de Rousseau le *puisque Q* est associé au ON qui garantit les vérités universellement admises :

> Pour être toujours moi-même, je ne dois rougir en quelque lieu que ce soit d'être mis selon l'état que j'ai choisi : mon extérieur est simple et négligé mais non crasseux ni malpropre ; la barbe ne l'est point en elle-même, puisque c'est la nature qui nous la donne, et que, selon les temps et les modes, elle est quelquefois un ornement.

> (*Confessions*, Livre VIII)

Ici, Jean-Jacques cherche à se justifier à ses propres yeux d'être le seul mal habillé et non rasé au milieu d'une élégante assemblée aristocratique. Cette autojustification s'opère à l'aide de deux arguments :

1) c'est la nature qui donne la barbe ;
2) la barbe est dans certaines circonstances un ornement.

Ces deux vérités sont rapportées au ON du savoir biologique et historique, auquel le destinataire, en l'occurrence Rousseau lui-même, est *a priori* contraint d'accorder sa confiance. La présence de «la nature» ne fait que renforcer cette nécessité : chez l'auteur de *l'Émile* elle est le garant suprême de tout discours, l'autorité qui légitime les comportements indûment condamnés par une société fondée sur l'artifice et le mensonge.

Le processsus argumentatif de *P puisque Q* s'appuie de manière en quelque sorte offensive sur ce qui est déjà admis par celui que l'on entend convaincre, il vise à enfermer ce dernier pour lui imposer une conclusion P assurée par ce qu'il reconnaît déjà, à savoir Q. En ce sens, *car* et *puisque* définissent des mouvements opposés, comme le montre le fait qu'on ait la possibilité de dire *puisque Q, P* quand **car Q, P* est parfaitement exclu. En utilisant *puisque* on fait aller le destinataire de la vérité de Q à celle de P, tandis qu'avec *P car Q* le locuteur commence par dire P, puis revient se justifier avec Q.

Dans des contextes appropriés ce connecteur, comme les autres, est susceptible d'entrer dans des stratégies subtiles. *Le Jeu de l'amour* de Marivaux nous en fournira encore une fois une illustration. On retrouve ici la même situation que dans la scène I, 7, où Silvia affectait de ne pas vouloir converser avec Dorante :

> DORANTE : (…) écoute-moi, te dis-je, tu vas voir les choses bien changer de face par ce que je vais te dire.
>
> SILVIA : Eh bien, parle donc ; je t'écoute, *puisqu'*il est arrêté que ma complaisance pour toi sera éternelle.

(II, 12)

Dans l'exemple étudié plus haut Silvia se justifiait de parler à Dorante en invoquant la nécessité de s'informer sur son maître ; à présent la justification se fait en s'appuyant sur une vérité supposée établie : «il est arrêté que…». C'est précisément l'emploi de *puisque* qui confère ce caractère de vérité reconnue à l'énoncé. Ce mouvement s'explique par la situation délicate dans laquelle est prise la jeune fille ; elle s'accorde le plaisir d'écouter Dorante et se justifie en se déchargeant de la responsabilité de la faute que représente cet abandon au plaisir. La responsabilité est transférée sur une loi préétablie («il est arrêté que…»), un Destin dont Silvia serait la victime et auquel elle n'aurait aucune part. Loi incompréhensible dont elle feint de constater l'existence et qui lui permet d'enfreindre la loi qu'elle avait fixée elle-même : Dorante ne doit pas lui parler d'amour. En fait, bien sûr, elle donne comme un arrêté venu de l'extérieur la décision qu'elle a prise. Prenant acte du fait que malgré ses principes elle a constamment cédé à Dorante, elle tente de retourner à son avantage ce constat de faiblesse.

LECTURES CONSEILLÉES

ANSCOMBRE J.-C., DUCROT O.
1983 - *L'argumentation dans la langue*, Bruxelles-Liège, P. Mardaga éd.
(La synthèse la plus récente sur la problématique de l'argumentation, illustrée d'exemples variés.)

DUCROT O. *et al.*
1980 - *Les mots du discours*, Paris, Éd. de Minuit.
(Ouvrage entièrement consacré à l'étude des connecteurs argumentatifs (*mais, décidément, eh bien !, d'ailleurs*) ; ces analyses sont précédées d'une importante mise au point théorique : «Analyse de textes et linguistique de l'énonciation.»)

DUCROT O.
1980 - «Analyses pragmatiques», in *Les actes de discours, Communications* n° 32, p. 11 à 61.
(Survol des diverses problématiques de l'énonciation où les réflexions s'appuient sur l'étude d'exemples empruntés à la littérature.)

TRAVAUX

• *La conclusion du roman de Voltaire* Candide *(1759) s'appuie comme celle de* Zadig *(1747) sur* mais. *Ce n'est d'ailleurs pas le seul point commun entre ces deux conclusions. Vous étudierez la valeur du* mais *qui figure à la fin de ce passage en le comparant au «*mais...*» de* Zadig *analysé précédemment :*

> (...) - Travaillons sans raisonner, dit Martin ; c'est le seul moyen de rendre la vie supportable.
> Toute la petite société entra dans ce louable dessein ; chacun se mit à exercer ses talents : la petite terre rapporta beaucoup (...) ; et Pangloss disait quelquefois à Candide : «Tous les événements sont enchaînés dans le meilleur des mondes possibles ; car enfin, si vous n'aviez pas été chassé d'un beau château à grands coups de pieds dans le derrière pour l'amour de Mlle Cunégonde, si vous n'aviez pas été mis à l'Inquisition, si vous n'aviez pas couru l'Amérique à pied, si vous n'aviez pas donné un bon coup d'épée au baron, si vous n'aviez pas perdu

tous vos moutons du bon pays d'Eldorado, vous ne mangeriez pas ici des cédrats confits et des pistaches. - Cela est bien dit, répondit Candide ; *mais* il faut cultiver notre jardin.

• *Étudiez l'emploi de* mais *dans ce texte ; il s'agit de la fin d'une description de femmes du monde se promenant en calèche :*

Ses yeux erraient sur les têtes féminines ; et de vagues ressemblances amenaient à sa mémoire Mme Arnoux. Il se la figurait, au milieu des autres, dans un de ces petits coupés, pareils au coupé de Mme Dambreuse. - *Mais* le soleil se couchait et le vent froid soulevait des tourbillons de poussière.

(Flaubert, *l'Éducation sentimentale*, I, 3)

• *Cet extrait du* Jeu de l'amour et du hasard *contient quatre occurrences de* mais *; efforcez-vous d'expliquer leur rôle :*

(Monsieur Orgon, qui sait que Dorante et Silvia sont des maîtres déguisés en domestiques, vient de permettre à Lisette de séduire celui qu'elle croit être Dorante et qui n'est que le valet de ce dernier, Arlequin.)

LISETTE : Sur ce pied-là, je compte ma fortune faite.
MONSIEUR ORGON : *Mais*, dis-moi ; ma fille t'a-t-elle parlé ? Que pense-t-elle de son prétendu ?
LISETTE : Nous n'avons encore guère trouvé le moment de nous parler, car ce prétendu m'obsède ; *mais*, à vue de pays, je ne la crois pas contente, je la trouve triste, rêveuse, et je m'attends bien qu'elle me priera de le rebuter.
MONSIEUR ORGON : Et moi, je te le défends. J'évite de m'expliquer avec elle : j'ai mes raisons pour faire durer ce déguisement ; je veux qu'elle examine son futur plus à loisir. *Mais* le valet [= Dorante], comment se gouverne-t-il ? ne se mêle-t-il pas d'aimer ma fille ?
LISETTE : C'est un original ; j'ai remarqué qu'il fait l'homme de conséquence avec elle, parce qu'il est bien fait ; il la regarde et soupire.
MONSIEUR ORGON : Et cela la fâche ?
LISETTE : *Mais...* elle rougit.

(II, 1)

• *Étude de* eh bien *dans les textes suivants :*

Faut-il que je vous rappelle l'aventure l'Ésope ? Son maître Xantippe lui dit un soir d'été ou d'hiver, car les Grecs se baignaient dans toutes les saisons : Ésope, va au bain ; s'il y a peu de monde nous nous baignerons...». Ésope part. Chemin faisant il rencontre la patrouille d'Athènes. «Où vas-tu ? - Où je vais ? répond Ésope, je n'en sais rien. - Tu n'en sais rien ? marche en prison. - *Eh bien* ! reprit Ésope, ne l'avais-je pas bien

dit que je ne savais où j'allais ? je voulais aller au bain, et voilà
que je vais en prison...

(Diderot, *Jacques le fataliste*, Albin Michel, 1963, p. 75)

(Adèle, femme de Boubouroche, est accusée par son
mari, à juste titre d'ailleurs, d'avoir caché son amant chez
elle. Adèle parvient à retourner la situation à son
avantage.)

ADÈLE : Voici la clé de la cave.
BOUBOUROCHE, *les yeux au ciel* : La cave !
ADÈLE : Tu me feras le plaisir d'y descendre...
BOUBOUROCHE : Tu es dure avec moi, tu sais.
ADÈLE : ... et de regarder entre les tonneaux et les murs. Ah ! je
te fais des infidélités ?... Ah ! je cache des amants chez moi ?...
Eh bien, cherche, mon cher, et trouve.

(G. Courteline, *Boubouroche*, 1893)

(Suzanne raconte à la Comtesse ce qu'a fait Chérubin, le
petit page qui est amoureux d'elle.)

SUZANNE : Puis il a vu votre ruban de nuit que je tenais, il s'est
jeté dessus...
LA COMTESSE (souriant) : Mon ruban ?... Quelle enfance !
SUZANNE : J'ai voulu le lui ôter ; Madame, c'était un lion, ses
yeux brillaient... «Tu ne l'auras qu'avec ma vie», disait-il en
forçant sa petite voix douce et grêle.
LA COMTESSE (rêvant) : *Eh bien*, Suzon ?
SUZANNE : *Eh bien*, Madame, est-ce qu'on peut faire finir ce
petit démon-là ? (...)

(Beaumarchais, *le Mariage de Figaro*, II, 1)

• *Dans les textes qui précèdent relevez les occurrences de* car *et* parce
que *afin de les analyser.*

Index

Extrait de notre catalogue

Impressions DUMAS, 42009 Saint-Étienne
Dépôt légal 1re édition : 2e trimestre 1985
Dépôt légal : mars 1988
N° d'imprimeur : 28430
Imprimé en France